汤池镇志

LOCAL RECORDS OF TANGCHI

湖北省应城市汤池镇志编纂委员会　编

图书在版编目（CIP）数据

汤池镇志 / 湖北省应城市汤池镇志编纂委员会编
.-- 北京：方志出版社，2018.11
（中国名镇志丛书）
ISBN 978-7-5144-3392-0

Ⅰ. ①汤… Ⅱ. ①湖… Ⅲ. ①乡镇—地方志—应城
Ⅳ. ① K296.35

中国版本图书馆 CIP 数据核字（2018）第 255680 号

· 中国名镇志丛书 ·

汤池镇志

编　　者：湖北省应城市汤池镇志编纂委员会
责任编辑：李志瑜

出 版 人：冀祥德
出 版 者：方志出版社
地址　北京市朝阳区潘家园东里 9 号（国家方志馆 4 层）
邮编　100021
网址　http://www.fzph.org
发　　行：方志出版社图书经销中心
电话　（010）67110500
经　　销：各地新华书店
排　　版：北京纺印图文设计制作有限公司
印　　刷：北京中科印刷有限公司

开　　本：787 × 1092　　1/16
印　　张：14
字　　数：262 千字
版　　次：2018 年 11 月第 1 版　　2018 年 11 月第 1 次印刷

ISBN 978-7-5144-3392-0　　**定价**：113.00 元

序一

习近平总书记指出:“不忘历史才能开辟未来，善于继承才能善于创新……只有坚持从历史走向未来，从延续民族文化血脉中开拓前进，我们才能做好今天的事业。”中国优秀传统文化是在漫长的历史长河中历经无数次涤荡和沉淀而形成的思想精髓，蕴藏着无穷的宝藏和无尽的力量。发掘和继承优秀传统文化，是延续中华文明“根”与“魂”的必由之路。与时俱进，推动传统文化不断开拓创新，是中华文明常葆勃勃生机的重要保证。

“国有史，邑有志。”编修地方志是中国特有的文化现象，是中华民族的优秀文化传统。数千年来，连绵不断的志书编修为保护中华民族根脉，传承中华文明发挥了不可替代的作用。中国现存古志有 8000 余种，占现存古籍的十分之一。中华人民共和国成立以来，编修完成数万种省、市、县三级综合性行政区域志、部门志、行业志、专志等，编纂数万种地方综合年鉴、行业年鉴和专门年鉴等，整理出版数千种历代方志及相关研究成果，发表相当数量的方志理论与年鉴理论研究成果。这既是对我国国情、地情持续开展的大规模普遍调查，也是对各地自然与社会发展状况进行的综合研究，其成果构成了一座丰富的文化资源宝藏，为各级领导科学决策提供了重要参考，为推动经济社会发展和文化建设发挥了重要作用。

当前，中国特色社会主义进入新时代，全国地方志事业也进入新时代。如今的地方志事业围绕党和国家利益、经济社会发展，以人民为中心开拓创新，志、鉴、馆、史“四驾马车”并驾齐驱，志、鉴、馆、网、库、用、会、刊、研、史“十业并举”，加快实现在全国范围内全面推进地方志从一项工作向一项事业转型升级。在党中央、国务院的亲切关怀和各级地方志工作者的共同努力下，一批紧密结合社会发展需求、具有独特创造性的工作逐步开展，涵盖中国名镇志、中国名村志、中国名山志、中国名水志、中国名街志等“名志”系列文化工程是其中代表。作为首个“名志”系列文化工程的中国名镇志文化工程，启动于 2015 年，至今已是第三个年头。中国名镇志丛书在记述主体上，选择中国历史文化名镇、经济强镇、特色镇等在全国具有影响力和代表性的乡镇，旨在全面展示中国名镇的文化精髓；在内容题材选择上，重在突出不同名镇的“名”和“特”，力求集中体现不同名镇最精彩的部分，增强可读性；在志书编纂程序设置方面，志书申报、篇目设计、专家审读、专家组验收等流程环环相扣，紧密结合，力争把每一部志书都打造成精品佳志。

习近平总书记指出：“历史和现实都表明，一个抛弃了或者背叛了自己历史文化的民族，不仅不可能发展起来，而且很可能上演一场历史悲剧。”2018 年是改革开放 40 周年，40 年来中华大地发生了翻天覆地的变化，乡镇发生了极为深刻的改变，从粗茶淡饭到有机食品，从粗布衣裙到精美时装，从土屋平房到高楼大厦，人民生活水平大大提高，城乡差距不断缩小。然而，在感受辉煌成就的同时，我们也应该看到，许多精巧的古建、精湛的工艺、亲切的乡音、独特的乡俗也在快节奏的发展中与我们渐行渐远，曾经的家乡正逐渐变为记忆中的故园。

党的十九大报告提出乡村振兴战略，此后党中央、国务院又推出一系列重大举措。实施乡村振兴战略，必须全面加强乡村文化建设，培养乡村文化自信，培植文化之“根”，铸牢文化之“魂”。没有乡村文化的高度自信，没有乡村文化的繁荣发展，就难以实现乡村振兴的伟大使命。振兴乡村文化，既要塑形，更要铸魂，必须遵循乡村发展的客观规律，在发展中把文化的精髓保留下来，把乡土味道、乡村风貌的“魂”传承下去。在保留优秀乡村文化内核的基础上，用现代表现方式，把反映时代精神、先进理念的内容通过群众喜闻乐见的文化产品表达出来，才能够让乡土文化具有更强大的生命力。用创新性的模式书写乡镇志，传承和抢救乡土历史文化，激发爱国爱乡情怀，为探索中国特色新型城镇化发展经验、发展模式、发展道路提供历史智慧和现实借鉴，正是实施中国名镇志文化工程的目的和意义所在。

“月是故乡明”。中国人素有“家国情怀”，家乡的山水是最为美丽的，家乡的风俗是充满温暖的，一声亲切的乡音，一口熟悉的家乡菜，都能拨动游子的心弦，让其魂牵梦萦。中国名镇志丛书是一套全面梳理中国名镇历史人文，挖掘文化特色，突出“名”和“特”的镇志。它能让人民群众深刻感受到本土本乡自然的优美、历史的醇厚、人物的杰出、艺文的风雅等，有助于培养人民群众对家乡文化的自信，激发起人民群众浓烈的爱乡爱国情怀，助力国家新型城镇化建设和乡村振兴战略的实施。

是为序。

中国社会科学院院长
中国地方志指导小组组长　谢伏瞻

序二

连绵不断地编修地方志是我国特有的文化传统，为传承中华文明作出了巨大的贡献。在党中央、国务院的高度重视和支持下，这一古老的文化传统焕发勃勃生机，展现新的活力，成为保存、继承、发扬光大中华优秀传统文化的重要依托，培育和践行社会主义核心价值观的重要媒介，社会主义先进文化建设的重要组成部分，发展中国特色社会主义，增强道路自信、制度自信、理论自信的重要载体，在实现“两个一百年”奋斗目标和中华民族伟大复兴中国梦进程中具有不可替代的地位和作用。

事物总是在不断发展中前进。经过改革开放以来 30 余年的发展，中国特色地方志事业与传统的编修地方志已不可同日而语，形成了志（志书）、鉴（年鉴）、库（地情数据库）、馆（方志馆）、网（地情网站）、刊（期刊）、会（学会）、研（理论研究）、用（开发利用）等多业并举的新格局。截至 2015 年 10 月底，全国编纂完成首轮、二轮省、市、县志书 8000 多种，编修部门志、行业志、专业志、乡镇村志 27000 多种，编纂地方综合年鉴 2300 多种，累计整理旧志 2500 多种，还编纂出版了大量的地情书，字数以百亿计，形成以反映国情、地情为主要内容，全面系统、持续不断、卷帙浩繁的社会科学成果群。另外，还开通了 27 个省级网站、230 个市级网站、816 个县级网站；建成国家方志馆 1 个、省级方志馆 16 个、市级方志馆 86 个、县级方志馆近 300 个。这些成果，成为国家极为重要的文化资源，是国家文化软实力和公共文化服务体系的重要组成部分。

最近几年，地方志工作的触角在不断延伸，部门志、行业志、专业志、特色志、乡镇村志编纂方兴未艾，成为当前地方志事业发展新的增长点和亮点。特别是乡镇志，兴起了编纂热潮，从自发的民间行为逐渐过渡为政府组织的文化行为，有的省份以政府令形式将其纳入地方志编修范畴，像河南省还以省政府办公厅名义要求全省普修乡镇志。乡镇志并不是一个新生事物，据现有资料可考，宋代常棠所撰《澉水志》是现存最早的一部乡镇志。与省、市、县三级志书相比，乡镇志虽属小志，但意义却不小，特别是在当前国家全力推进新型城镇化建设的背景下，乡镇志的作用更显重要。

启动中国名镇志文化工程，是适应当前新型城镇化建设形势发展需要、地方志事业发展形势需要的重要举措，也是充分发挥地方志存史、资政、育人功能的重要手段。作为最基层行政组织的志书，镇志是最接近中国社会发展变迁的国情、地情记录文本，具有重要的历史文献价值。而作为充分反映本区域自然、政治、经济、文化和社会的历史与现状的资料性文献，镇志又能全面展示发展脉络，摸索发展经验，为探索中国乡镇未来发展方向提供借鉴和参考。当然，对于祖祖辈辈生于斯长于斯的中国人来说，故乡就是一个魂牵梦萦的地方，故乡的情怀终生难忘。留得住乡愁，记得住乡思，充分展示名镇文化魅力，激发爱乡、爱国情怀，正是中国名镇志文化工程题中应有之义。

是为序。

中国社会科学院原院长
中国地方志指导小组原组长 王伟光

序三

“国有史，邑有志”，中国自古就有注重编史修志的传统。按照我国目前地方志行政法规，国家各级地方志机构的法定职责是编纂省、市、县三级志书，并不包括县以下的乡镇志和村志。这种规定，一方面可能因为全国有数百万自然村落和数万乡镇，全部实行官修很难实现；另一方面可能因为我国历史上就有“皇权止于县”的说法，县以下的民间社会历来是一个以自治为主的领域。然而，改革开放几十年来，我国社会正在发生巨变，这种巨变在基层社会的乡镇、村落、家庭领域更为深刻。作为“乡之首，城之尾”的镇，逐渐被日益崛起的大都市淹没了光彩，村落在快速的城镇化过程中每天都在大量消失，农村家庭的小型化、空巢化趋势非常突出。在这种情况下，我一直在思考，如何留得住历史文化记忆和乡愁，如何把修志的工作向基层社会延伸？

中国人的“家国情怀”，是从“诚意、正心、修身”开始，到实现“齐家、治国、平天下”。所以从国家一统志，省、市、县三级志，到乡镇志、村志、家谱，也是一个完整的系统。

正是在这种背景下，我们决定启动中国名镇志文化工程。乡镇是无数中国人生命的底色和成长的摇篮。如何在城镇化进程中，留得住乡愁，记得住乡音，忘不了乡思，事关城镇化进程的人文关怀和文化保护，事关文化血脉的传承。同时，科学记录城镇化进程，反映城镇化成就，也为今后探索城镇化发展规律、积累经验提供了基本素材。作为全面系统记述一定行政区域的自然、政治、经济、文化和社会的资料性文献，志书是以上功能最好的载体。

我国目前有 4 万多个乡镇，全部修乡镇志还不具备条件。中国名镇志丛书选择的是传统文化名镇、历史军事重镇、革命历史名镇、民族特色名镇、特色经济名镇、旅游景观名镇等类型的乡镇，应该是最具代表性的，在中国乡镇文化传承和社会发展中具有标杆意义。

编纂中国名镇志丛书是对乡土历史文化的保护。随着城镇化进程加快，有不少乡镇被撤并，有些还是在历史上有重要意义的历史文化名镇、特色镇等。如不及时对其历史进行整理、记录，这些重要的历史资料将散佚殆尽。因此，中国名镇志丛书的编纂是对宝贵历史资料的抢救。

编纂中国名镇志丛书是对乡土意识的传承。什么东西有魅力？故乡的山水，乡音乡情的记忆，乡土的气息和家乡菜的味道，不管走到哪里，总是触动心弦。中国名镇志丛书记录的是家乡的山山水水，家乡的历史文化，家乡的风土人情，留住的是乡愁。这些最能激发远方游子和本地民众的爱乡情怀、爱国情怀。

编纂中国名镇志丛书是一种学术探索。镇志的编纂，实质也是一次深入的社会调查研究。“麻雀虽小五脏俱全”，相比省、市、县，乡镇第一手资料的获得需要付出更大的努力。我们也希望在志书编纂上有所创新，使中国名镇志丛书成为一套图文并茂、雅俗共赏的新型志书。

中国社会科学院副院长
中国地方志指导小组常务副组长　李培林

湖北省应城市汤池镇志特邀编审

司念堂　卢申涛　涂少维　乐卫国　王　磊
张　静　朱华臣

湖北省应城市汤池镇志编纂委员会

主　　任　李艳霞
副 主 任　陈　堃
委　　员　杨新伟　杨贤文　李红春　张颢
　　　　　唐新安　张昌宏　李　金

湖北省应城市汤池镇志编纂办公室

主　任　杨贤文
主　编　李红春
编　辑　李红春　张　颢　张昌宏　曾晓娥
　　　　王章平　陈方永
图　片　李鸿飞　彭　波　李　金

汤池街景（2015 年）　　彭波　摄

中国名镇志丛书凡例

一、以马克思列宁主义、毛泽东思想、邓小平理论、“三个代表”重要思想、科学发展观、习近平新时代中国特色社会主义思想为指导，坚持辩证唯物主义和历史唯物主义的立场、观点和方法，存真求实，全面、客观、系统记述中国名镇城镇化进程和改革开放成果，传承和抢救乡土历史文化，激发爱国爱乡情怀，留住乡愁，为探索中国特色新型城镇化建设、服务乡村振兴战略提供历史智慧和现实借鉴。

二、为全面反映入志事物发展脉络，各志上限追溯至事物发端，下限一般断至各镇志启动编修年份，个别重大事项可延至搁笔。详今明古，着重反映时代特色和地方特点，重点体现各镇的“名”与“特”。

三、记述地域范围以下限年份的行政辖区为主。为体现名镇在更大区域内的意义，可以从更开阔的区域视野记述与该镇相关的内容。

四、统一采用纲目体，设类目、分目、条目三个层次。横排门类，纵述史实，述而不论。

五、综合运用述、记、志、传、图、表、录等各种体裁，以志体为主。体裁运用适当创新，篇目设置不求面面俱到，一般意义上的乡镇级内容略去不载。

六、除引用文字和附录文献资料外，统一使用规范的现代语体文记述，行文力求朴实、严谨、简洁、流畅、优美，具有较强可读性。

七、人物部类遵循“生不立传”原则，人物传主按生年排序，只选录对本镇发展有重大影响的人物，不面面俱到。

八、各项数据一般采用国家统计部门数据。数据缺乏的，采用主管部门或主办单位正式提供的数据。

九、数字用法、标点符号、计量单位分别执行国家标准《出版物上数字用法》（GB/T 15835—2011）、《标点符号用法》（GB/T 15834—2011）、《国际单位制及其应用》（GB 3100—1993）和《有关量、单位、符号的一般原则》（GB 3101—1993）。历史上使用的计量单位，如斗、石、里、尺、磅、华氏度等，在引文时可照录。考虑到社会使用习惯，全书中亩不统一换算。

十、中华民国成立前的纪年，使用朝代年号纪年，括注公元年份；中华民国成立后的纪年，均使用公元纪年。志中所称“解放前（后）”，以该镇解放日为界；“新中国成立前（后）”，以中华人民共和国成立日 1949 年 10 月 1 日为界；“改革开放前（后）”，以 1978 年 12 月中共十一届三中全会召开为界。本志“×× 年代”，凡未加世纪者，均指 20 世纪。

十一、为节省篇幅，避免重复，本志采用条目互见法。参见条目的表示形式为：参见本志“×× 类目 · ×× 分目 · ×× 条目”。

十二、对旧志、古籍中的繁体字、冷僻字一般用简化字或通用字替换，易引起误解的则保留。

十三、记述各个历史时期的党派、机构、职务、地名等，均以当时的名称为准。对频繁使用的名称，首次用全称并括注简称，其后用简称。

十四、各镇志需要单独说明的事项，均在各自编纂始末中记述。

汤池镇在中国的位置

黑龙江省
哈尔滨
吉林省
长春
沈阳
辽宁省
内蒙古自治区
呼和浩特
乌鲁木齐
新疆维吾尔自治区
北京
天津
北京市
天津市
河北省
石家庄
渤海
太原
山西省
济南
山东省
黄海
黄河
甘肃省
银川
宁夏回族自治区
西宁
青海省
兰州
陕西省
西安
郑州
河南省
江苏省
安徽省
合肥
南京
上海
上海市
西藏自治区
拉萨
四川省
成都
重庆
重庆市
湖北省
应城
汤池镇
武汉
长江
杭州
浙江省
东海
南昌
江西省
长沙
湖南省
福州
福建省
钓鱼岛
赤尾屿
台北
台湾省
台湾岛
贵阳
贵州省
昆明
云南省
广西壮族自治区
南宁
广东省
广州
香港
澳门
东沙群岛
海口
海南省
海南岛
西沙群岛
永兴岛
中沙群岛
黄岩岛
南海
南沙群岛
曾母暗沙
图例
北京 首都
天津 省级行政中心
未定 国界
省、自治区、直辖市界
特别行政区界
名镇(乡)所在区域
名镇(乡)
1∶32 000 000
审图号：GS（2018）5807 号

汤池镇在湖北省的位置

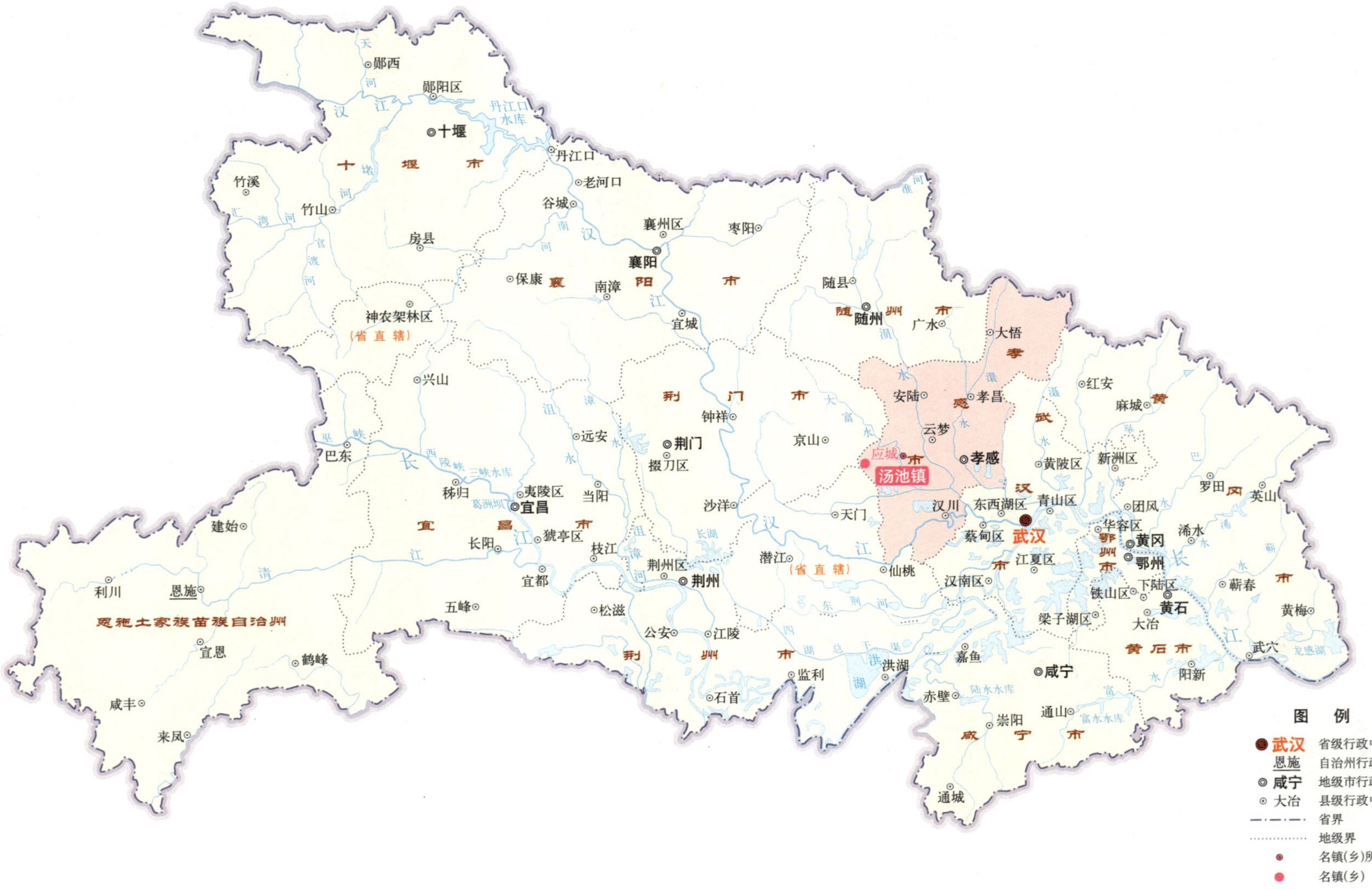

图例

符号	说明
武汉	省级行政中心
恩施	自治州行政中心
咸宁	地级市行政中心
大冶	县级行政中心
	省界
	地级界
	名镇(乡)所在区域
	名镇(乡)

审图号：GS（2018）5807号　1：3 590 000

汤池镇地图

油榨
舒景
至应城
公益
蔡岭
八
四安
四
龙
河
水
库
汤
陶贾
打榨
洪河
线
石堰水库
至杨岭
皂
汤池温泉
度假村
鄂中革命烈士纪念馆
方集
陶家湖
古城遗址
曹
线
汤池镇
汤池
孙段
皂
田铺
罗王
曹
大陈
线
黄围
金唐
白水
至武汉
长
荆
铁
路
至荆门
大孔
至武汉
线
宜
汉
至宜昌

图 例

★ 镇政府驻地
⊙ 村委会、社区驻地
地级界
乡级界
铁路
省道
县道
乡道
湖泊、水库
景点

审图号：GS（2018）5807 号

汤池镇航拍图（2016 年） 李鸿飞 摄

应城汤池中华鳖良种场（2016 年）　　李鸿飞　摄

汤池旅游度假村航拍图（2012 年）

李鸿飞　摄

陶家湖古城遗址航拍图（2016 年）　　李鸿飞　摄

四龙河汤池镇陶贾段（2016 年）　　李鸿飞　摄

汤池镇公益社区（2016 年）　　李鸿飞　摄

景润楼（2014 年）　　李金　摄

鄂中革命烈士纪念馆广场（2016 年）　　李鸿飞　摄

目录

灵泉星火话汤池

汤池镇位于湖北省应城市西部，镇中心点为北纬 30° 54′ 、东经 113° 20′ 。4800 年前，先民即在此耕作、制陶，并形成大型城址。战国末期即有记载温泉的史料。50 年代，考古发现新石器时代大型古城遗址——陶家湖古城遗址。镇内有鄂中革命烈士纪念馆，有非物质文化遗产——汤池传说、汤池皮影。汤池甲鱼为国家地理标志证明商标。

汤池，本为温泉名，初名玉女温泉。据雍正《应城县志》记载：昔有玉女乘车入泉，故名玉女温泉。因有高温泉水，故为汤；兼有沐池，故为池——故名汤池。春秋时期，境域因汤池得名。唐开元十八年（730），李白游览汤池美景，写下《安州应城玉女汤作》，其诗句“神女殁幽境，汤池流大川”广为流传。故“汤池”地名，早在 1300 多年前，便闻名于世。

汤池镇因汤池温泉而得名，因汤池训练班而扬名，因旅游养生而著名。灵泉水韵与革命星火在这里交织，绘制出一幅康养特色小镇的美好蓝图。

2016 年，全镇土地面积 50.03 平方千米，辖 2 个街道（社区）、16 个村，1.67 万人。

灵泉水韵，净化心灵的休憩地

汤池镇地处大洪山余脉，因地质构造特殊，地下高温泉水喷涌而出，云蒸霞蔚，若人间仙境。

古人制陶图（2012 年绘）

4000 多年前，汤池先民便在此休养生息，留下陶家湖古城遗址这处新石器时代的屈家岭早期文化遗存，拉开汤池灵泉文化发

汤池温泉（2016 年）

展的序幕。3000 多年前，因汤池温泉泉水四季高温，泡浴过后可疗疾去病，不知科学缘由的先民们便世世代代口耳相传着玉女投泉、灵芝仙子、荷花湖、火龙传说等神话故事，展现出良知、美好、正义等灵泉文化精髓。

战国时期，楚惠王欲往曾国未果，停歇此地；宋玉筑渠以引泉水，灌溉自家田畴。唐朝诗人李白在此流连忘返、吟诵作诗。历朝历代，游人如织，络绎不绝。明清官衙，在此建立侯馆，接待四方来宾。当代中国著名数学家陈景润在汤池留下佳话。

汤池美丽的传说，沉淀着深厚的文化底蕴，成为灵泉文化的基石。而文人骚客，咏吟汤池的大量诗词歌赋，更让灵泉文化迸发出勃勃生机。

汤池温泉旅游度假村，以玉女温泉为核心，建设洗浴、游玩、饮食、休闲、养生场所，彰显温泉本性，释放人文情怀。

如今，汤池人沐浴在灵泉文化里，传承着灵泉文化的精髓，积极开展群众性文体活动，让灵泉文化大放异彩。汤池，成为心灵憩息的港湾。

燎原星火，传播火种的热土地

30 年代，在董必武的安排下，在李范一、石瑛的支持下，陶铸、杨显东、许子威、

李金 摄

孙耀华等一批中共党员，在此办起了汤池训练班，培养了600多名中共干部，在农村发展并建立了一系列中共党组织。培训班的学员和教员，为开展鄂中敌后抗日斗争作准备，为新四军第五师输入大量的人才，建立了鄂中抗日根据地，许多教员学员为革命事业付出了宝贵的生命。

为牢记历史、缅怀先烈的丰功伟绩，在汤池训练班旧址，建立了鄂中革命烈士纪念馆。原国家主席李先念、新四军第五师代理政委任质斌专门为纪念馆题词。电视剧《陶铸在鄂中》在全国上映后，更是吸引各界人士前去瞻仰。革命的火种在这块热土上一代一代地传承。

鄂中革命烈士纪念馆西北角（2007年） 彭波 摄

康养一体，旅游养生的理想地

1984 年，汤池成为建制镇，人口不到万人，没有供电线路，没有特色产业，没有名牌产品。2004 年，为充分利用温泉资源，汤池镇开始建设温泉度假景区，将 128 口泉池通过泡、冲、浸、蒸、压等方式，形成玉女汤养生的独特品牌。经过多年的建设，汤池镇逐步建成为湖北省旅游名镇、先进旅游景区，全国首家旅游开发利用示范区、国家 AAAA 级旅游景区、中国温泉之乡、国家特色景观旅游名镇、全国首批旅游标准示范单位。

在建设汤池温泉度假村的基础上，汤池镇着力打造康养小镇，建成陶家湖田园综合体、户外拓展基地、野外露营基地、儿童游乐园、果蔬赏摘区、农耕年华等设施，力推生态农业，建设最美乡村，将生态农业、生态旅游与养生相融合，形成独具特色的生态养生模式。

汤池人用温泉水繁殖热带鱼种罗非鱼，并大规模饲养、繁殖中华鳖。到 2014 年，中华鳖养殖面积达到 5400 亩，产量达 600 万千克，产值近 2 亿元。中华鳖养殖总量占湖北省的 60% 以上，汤池成为名副其实的“楚天甲鱼第一镇”。“汤池甲鱼”获评国家

国家特色景观旅游名镇牌（2016 年）　　李金　摄

国家 AAAA 级旅游景区牌（2016 年）　李金　摄

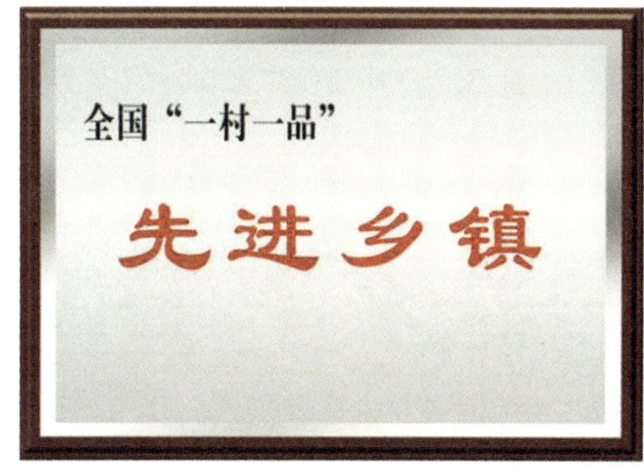

“一村一品”先进乡镇牌（2016年） 李金 摄

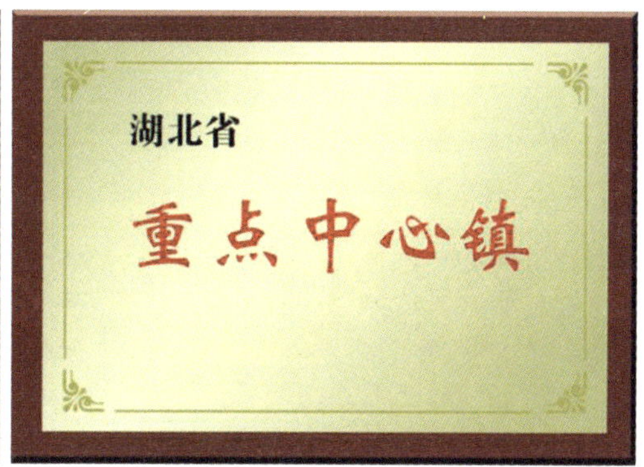

重点中心镇牌（2016年） 李金 摄

地理标志证明商标。汤池镇获全国“一村一品”先进乡镇。“泡玉女汤，喝甲鱼汤”，两汤养生成为时尚。

经过多年的发展，如今汤池镇区面积已扩大至原来的4倍，成为湖北省重点中心镇。2016年，汤池镇辖2个街道（社区）、16个村，土地面积50.03平方千米，人口1.67万人，交通便利，经济发达。古老的汤池镇，正沐浴着温泉的灵气，传承着革命的薪火，迈开脚步，走康养兴镇之路。

汤池雪景（2012 年）　　彭波　摄

基本镇情

汤池温泉度假村西大门（2016 年） 彭波 摄

汤池镇位于湖北省孝感市所辖应城市西部，地貌以岗地为主，兼有平原。

汤池属于大洪山余脉，独特的地质构造，成就丰富的地热资源。

汤池镇地处应城、汉川、京山、天门四县市交会处，特殊的地理位置，形成具有个性的汤池人文生态。

如今的汤池，以温泉为核心，全力打造全国旅游名镇；以鄂中革命烈士纪念馆为核心，全力打造红色基地；以汤池甲鱼为核心，全力打造“一村一品”先进乡镇；以最美乡村建设宣教为核心，全力打造特色康养小镇。

区位面积

区位 汤池镇为湖北省应城市西部口子镇，亦为应城市西部旅游经济带的旅游重镇，东抵应城市杨岭镇，南临汉川市垌冢镇，西与天门市皂市镇接壤，北与京山县曹武镇毗邻；中心位置地理坐标为北纬 30° 54′、东经 113° 20′，公路交通东距应城中心城区 21 千米、武汉 60 千米。

面积 版图东西相距 6 千米，南北相距 13.5 千米，实际土地面积 50.03 平方千米。

建置区划

建置 陶家湖遗址显示，汤池境内新石器时代就有居民生活，但至清代雍正朝的建置情况无资料可考。雍正《应城县志》载：清代应城分 5 个乡，汤池镇域隶属县西时丰乡。《光绪应城志》载：光绪年间（1875—1908），应城县分 4 乡 53 个团，其中西乡设汤池团。民国时期，应城县实行区乡管理，设汤池乡，其辖区在不同年份有所调整，1946 年重编乡镇时改为精诚乡，1947 年改设温泉乡。

1949 年 4 月应城解放，县人民政府实行区乡管理，汤池设乡，隶属第七区。1955 年，应城县调整政区时，第七区改为杨岭区，汤池乡属杨岭区。1956 年，应城县撤区并乡，汤池、公益、黎河三乡合并为汤池乡。1958 年，实行人民公社化，潘集、四龙、汤池、祝景四乡合并，成立八一公社，设汤池管理区；1959 年，八一公社改为杨岭公社，汤池管理区属杨岭公社。1960 年 1 月，撤销杨岭公社，将四龙、汤池 2 个管理区划归陈河公社；5 月恢复杨岭公社，汤池管理区划归杨岭公社。1961 年恢复区制，改杨岭公社为杨岭区，设汤池公社，属杨岭区。1978 年春，改汤池公社为汤池管理区。1984 年 1 月，建乡级汤池镇，属县直管。1986 年，应城县改为应城市，汤池镇为市辖乡级镇。1987 年 10 月，汤池镇升为市辖镇。2009 年 11 月，成立应城市汤池旅游度假区管理委员会（副县级），与汤池镇合署办公。至 2016 年，汤池镇仍为建制镇。

区划 汤池建镇后，区划有调整。1984 年 1 月，乡级汤池镇辖陶贾、方集、洪河、打榨、孙段、大陈、大孔、白水、金唐、黄围、罗王 11 个村和街道。1986 年，应城县改市。1987 年 10 月，汤池镇升为市辖镇，杨岭区景墩乡所辖舒景、油榨、蔡岭、四安4 个村划入汤池镇；年底，大陈村分为大陈、田铺 2 个村。1989 年 7 月，设公益、温泉、四龙 3 个管理区和汤池街道（镇直属，村级）。公益管理区辖舒景、油榨、蔡岭、四安、陶贾 5 个村，34 个村民小组；温泉管理区辖方集、洪河、打榨、孙段、大陈、田铺 6 个村，41 个村民小组；四龙管理区辖大孔、白水、金唐、黄围、罗王 5 个村，37 个村民小组；汤池街道辖 3 个居民小组。1992 年，以居住在倒兴集的农户为基础，成立公益街道。2000 年 10 月，管理区撤销。2005 年，汤池镇辖公益和汤池 2 个街道，方集、洪河、打榨、孙段、大陈、田铺、大孔、白水、金唐、黄围、罗王、舒景、油榨、蔡岭、四安、陶贾 16个村，115个村民小组。2016年，汤池镇行政区划未变，辖2个街道（社区）、16 个村，115 个村民小组。

集镇

境内先后有汤池、方集、邱集、田铺、新场、倒兴集 6 个小集镇，随交通或政治、军事活动而兴废。

汤池街 处汤池温泉区内。数百年间，因温泉而兴集。1949 年后，为汤池境域政治、经济、文化中心，集镇建设不断加强。1985 年始，维修改造旧街，规划建设新街，成为应城西部主要集镇。至 2016 年，有振兴街、温泉路、民富路、民主路、西街和南街，城建面积 100 多万平方米，设有车站、超市、旅社、餐馆、照相馆、理发店、缝纫店、粮站、银行、邮政、电信、集贸市场等，商贸活跃，街道整洁，常住人口 4000 余人。

方集 位于汤池镇东 1.2 千米，北连邱集至京山曹武，南接皂市，东联潘集、龙王集等多个集市，西往汤池、曹场和京山。清末民国初年，因地处要冲而兴街集，南来北往客商和周边乡民坐地经营，主要经营日杂百货、粮食肉鱼、餐饮小吃等。1960 年后，因交通条件改善，集市渐衰；90 年代初消失。

邱集 位于汤池镇东北。此地北经李安庙、刘巷，过京山易店到曹武，南过方集到皂市。民国时期，因地处要道上而兴小集，周边村民及外地客商建铺摆摊，交易日杂百货和农副产品。抗日战争和解放战争时期，邱集李安庙是新四军五师和解放军的重要交通据点。1949 年后，集市逐渐衰退。

田铺 位于汤池镇东。旧时，此地南经毛神塆、烂泥冲塆至天门县皂市，北经洪河村新场、易家店到京山县曹武，因地处要道上，周边乡民在此搭棚建铺，开小茶馆和小酒馆，并有小商品交易，成为小集。民国末期，小集散去，形成居民点，沿用田铺名。

新场 位于汤池镇东部，原为李家庙，皂市至曹武官道经过此地。1937 年 12 月，汤池训练班兴办，往来此地人员增多，于是在李家庙前形成小集，主要是日用品交易。1948 年，解放皂市时，随军医院设于此。1949 年后，新场集市消散，地名沿用。

倒兴集 位于汤池镇东北 5.4 千米。30 年代，京山曹武至天门皂市客商必经过此地，四安村李伯仁率周边殷实农户到此建场兴集，经营餐饮、肉铺、粮油、百货等商铺二三十家。1938 年 10 月，日军入侵，集市衰落。几年后，集市再度兴起，人称倒兴集。50 年代，倒兴集衰落。1989 年，更名为公益，设公益管理区，集市又兴，汤池福利院也建于此。自此，街道不断改造，硬化绿化。至 2016 年，街道两旁店铺整齐，有个体工商户 20 多家，私营工业企业 1 家。

自然地理

地形 汤池境内地势自东南向西北逐渐隆起，海拔高程由 30 米升至 40 多米；四龙河西岸为江汉平原北部边缘，其余是丘陵岗地，为大洪山余脉，北部公益、蔡岭、油榨等地区的地势较高。

山系主要有牛脊岭山系、曾家湾山系。牛脊岭山系，由京山入境，绵延四龙河、刘家河之间，南行为上大山、曹家山、新屋岭、下大山、天子岗及方集一带山冈。曾家湾山系，依山脉走向，分东西两支：东支南行于汤池东岸，为霍家山、凳子山、李家山、大黎家山，至大孔村魏家山，向南过汉宜公路；西支南行于应城与京山、天门三县（市）边界，止于天门皂市廖家岭。

水系主要有四龙河水系、刘河水系、汤池港水系。四龙河水系，源出京山县石家冲，至汤池油榨村牛脊岭入境，经舒景、蔡岭、陶贾村进入四龙河水库，再南流经方集至黄围村，合刘家河水，复南流至河嘴上，最后达老观湖，全流域面积 65 平方千米，最大流量 20 立方米 / 秒，汤池境内全长 9 千米。刘河水系，源出京山林泉山，经

刘河水系黎家湾段（2018 年） 李鸿飞 摄

曹场化家河南下入境，流经洪河、陶贾、方集、罗王、金唐、黄围村，在黄围与大孔村交接处汇入四龙河，最后达老观湖，全流域面积 51 平方千米，最大流量 8 立方米 / 秒。汤池港（景润河）水系，港有两源，西源出石堰水库，东源出汤池温泉，两源于鲁三湾交汇，西折南流，经段湾西南至大陈邱陈湾西南流至皂市河，全长 5 千米，属常流港，枯水流量 0.04 立方米 / 秒。三条水系，河流两岸均无堤防，为自然山冈、滩岸挡水。

气候 汤池地处亚热带季风气候区，受季风影响较大，夏季多雨，冬季多旱。据 1966—2016 年应城气象资料显示：汤池地区年均无霜期 230 天，年均气温 17℃，最高气温达 40℃；年均降雨 1140 毫米，日最大强降雨 420 毫米（2016 年 7 月 20 日），年最少降雨 400 毫米（1978 年），降雨集中在 5—8 月，年均 872.5 毫米，占全年降雨量的 76.5%；年均降雪 8 天，集中在 11 月至次年 3 月，深度为 28 ~ 35 毫米；年均日照时数 1982.8 小时，日照百分率为 45%；年均相对湿度 79%，最高湿度出现在每年 4 月和 7—8 月，湿度为 82%，最小湿度出现在 1 月和 12 月，湿度为 76%；年均蒸发量为 1394.6 毫米，年蒸发量最大为 1627.9 毫米（1978 年），最小为 1175.2 毫米（1982 年），月均蒸发量从 1 月开始逐月递增，至夏季 7—8 月最高；年均气压 1011.9 毫巴，年均最高为 1013 毫巴（1983 年），年均最低为 1010.4 毫巴（1966 年）；年均风速 3 米 / 秒，瞬时风速达 17.2 米 / 秒（8 级）以上的大风年均出现 12.3 次，极大风速为 18.7 米 / 秒，月均风速 2 月最大（3.3 米 / 秒），6 月最小（2.7 米 / 秒）。

自然资源

土地资源 镇域地层属第四系更新统的黏土、亚黏土和底部砾石层。丘岗地带，第四系覆盖第三系，由细砾岩、含砾岩、泥岩、页岩、细砂岩自粗至细组成两个韵律。成土母质为黄色黏土母质，按地层分为上更新统、中更新统和极少量下更新统。上更新统为黄色、棕黄色和褐黄色黏土质沉积物，土体中一般不含粗砂，厚 6 ～ 8 米；中更新统多掩藏于上更新统之下，厚 30 ～ 40 米；下更新统，地表分布极少。

1981 年第二次全国土壤普查，境内土壤分为水稻土、潮土和黄棕壤 3 个土类，8 个亚类。水田土壤以潮土土壤和黄棕壤为主，旱地、林荒地多为黄棕壤和褐棕壤。

2009 年始，白水铁壶湾、四安、沙碑、前李、刘巷新湾、蔡岭、河渡等村湾开展迁

大孔村田间沟渠（2016 年） 彭波 摄

村复垦，整理耕地 18.67 公顷。

2014 年，投资 9563.23 万元，实施高标准基本农田土地整治项目，主要包括土地平整、灌溉与排水、田间道路工程、农田防护与生态环境保护、村庄整治，涉及舒景、油榨、四安、陶贾、方集、洪河、打榨、孙段、大陈、田铺、大孔、白水、罗王、黄围、金唐、温泉 16 个村（社区）。至 2016 年，平整田块 89 块，填埋坑塘 31 口，新增耕地面积 32.22 公顷，坑塘清淤 470 口、护砌 62 处，新建泵站 74 座，安装设备 85 台，清淤、改造、新建各类沟渠 150 条。

2016 年，境域岗地面积 35 平方千米、占 70% 以上，平原面积 8.33 平方千米、占 15%，林地山场面积 4.2 平方千米、占 10%，水域面积 2.5 平方千米、占 5%；耕地面积 2154.3 公顷，其中水田 1926.4 公顷、旱地 227.9 公顷。

水资源 汤池水资源由地表水、过境客水、地下水组成。正常年景年均降雨 1140 毫米，水资源总量约 3800 万立方米。其中，境内自产水 2400 万立方米、占水资源总量 63.2%，3 条河流过境客水 1100 万立方米、占水资源总量 28.9%，地下水主要是裂隙孔隙承压水 300 万立方米、占水资源总量 7.9%。

地热水是汤池特色资源，出自震旦系的硅质白云岩，属粉层裂隙交汇带之承压地下热水。地热异常区范围南北长约 1000 米、东西宽约 500 米，储量每日为 1.03 万吨（1970 年探井深 195 米，60 米处有溶洞近 10 米，裂隙承压水水头高出地面 1.87 米，自流每昼夜为 1837 吨）。地下水流出地表水温 69.3℃。水化学类型主要为硫酸钙型，矿化度 1.2 ~ 1.3 克 / 升，酸碱度 7.7，含氟量为 3.5 毫克 / 升，含硫酸根 591.8 ~ 678.3 毫克 / 升，碳酸根 270.3 ~ 283.1 毫克 / 升。此外，还含有钙、镁、锂、锆、钴、铈等 48 种矿物质和微量元素。可供洗浴、疗养、繁育良种、孵化家禽、繁殖热带鱼及水生植物越冬等。

境内无工业、畜禽养殖等生产性污染源。2011 年，投资 2961 万元，在孙段村三鲁组建生活污水处理厂，日处理污水 1 万吨，其中城镇生活污水 0.2 万吨、温泉洗浴水 0.8 万吨。2016 年，市环保部门监测，河流、水库、港坝、塘堰等水质均达Ⅲ类标准。

汤池镇污水处理厂内景（2016 年） 李金 摄

生物资源 境内有植物1000余种。林木类有松（马尾松）、柏（刺柏、扁柏）、银杏、香椿、梧桐、槐、榆、柳、皂角（皂荚）、杨、苦楝、女贞（冬青）、栎、构、棕榈、桑等，果木类有桃、李、梅、杏、枣、梨、栗、苹果、葡萄、柑橘等，草本类花卉有凤仙、旱金莲、三色堇、芍药、菊花、锦葵等，木本类花卉有月季、蔷薇、牡丹、玫瑰、栀子、紫薇、紫荆、八月桂、蜡梅等，球根类花卉有大丽菊、葱兰、美人蕉、芭蕉等，水生类花卉有水仙、睡莲等，观果类花卉有四季橘、玳玳、石榴等，多肉多浆类花卉有昙花、仙人掌、仙人球、虎皮兰、芦荟、景天等。

主要动物有黄鼠狼、野兔、水獭、田鼠、松鼠、蝙蝠、刺猬等哺乳类20余种，中华鳖、水蛇等爬行类10余种，青蛙、蟾蜍等两栖类数种，白鹤、白鹭、喜鹊、乌鸦、麻雀、燕子、鸿雁、八哥等鸟类30余种，罗非鱼、鲤鱼、鲫鱼（喜头）、鲢鱼（白鲢）、鳙鱼（胖头）、青鱼、草鱼、赤眼鳟、鳡鱼等鱼类40余种。

人口

数量构成 1984年，汤池建镇，总人口9987人，其中农业人口8855人。1987年，成为市直辖镇，总人口13728人。2000年，总人口14971人。2016年，总人口16683人，其中农业人口14052人、占84.2%，非农业人口2631人、占15.8%；乡村从业人员9790人，其中本地从业人员4724人、占48.3%，外出从业人员5066人、占51.7%；汉族人口16634人、占99.71%，少数民族（土家族和回族）人口49人、占0.29%；60岁以下人口13540人、占81.2%，60岁以上人口3143人、占18.8%，80岁以上老人388人，96岁以上老人5人，其中大陈村1910年出生的舒七英（女，汉族）最高寿。

姓氏人口 汤池人多随父姓，没有复姓，均为单姓，共166个，分别是陈、张、唐、李、王、陶、曾、刘、杨、鲁、黄、贾、夏、胡、孔、祝、马、景、金、高、黎、舒、何、孙、郑、吴、蔡、戴、朱、彭、董、邱、汪、罗、谢、库、余、赵、袁、邓、周、徐、方、程、宋、梁、代、郭、熊、雷、段、付、苏、文、闵、廖、顾、史、潘、韩、艾、孟、倪、江、田、尚、林、肖、谭、郝、甘、冯、曹、魏、万、卢、严、向、丁、叶、翁、龙、甘、方、温、秦、毛、寇、华、范、樊、成、钟、易、许、邵、阮、齐、毛、匡、蒋、龚、封、左、邹、姚、鄢、幸、涂、裴、欧、梅、吕、陆、柳、赖、柯、姜、洪、阖、杜、褚、毕、章、詹、翟、喻、于、雍、营、尹、宴、武、伍、闻、韦、汤、石、施、盛、沈、申、陕、任、秋、乔、钱、祁、齐、蒲、裴、莫、苗、闾、骆、康、纪、怀、贺、桂、谷、宫、阁、昌、岑、宾。其中，陈姓人口最多，过千人。

2016年汤池镇主要姓氏及人口数表

表1　　　　单位：人

姓氏	人口数	姓氏	人口数	姓氏	人口数
郑氏	146	戴氏	130	何氏	161
杲氏	218	王氏	796	高氏	211
黄氏	428	李氏	907	胡氏	301
陈氏	1009	黎氏	210	董氏	111
张氏	964	孙氏	160	朱氏	125
孔氏	292	汪氏	101	邱氏	108
唐氏	955	刘氏	506	金氏	216
吴氏	136	夏氏	327	杨氏	478
贾氏	334	蔡氏	131	鲁氏	453
彭氏	112	陶氏	574	曾氏	569
舒氏	198	马氏	272	祝氏	275

基础设施

水利　50年代起，汤池群众兴修水利。至2016年，境内有四龙河、石堰2座小（1）型水库，有效库容333万立方米；李家新堰、刘巷、下堰、家马堰、幺堰和破堰6座小

（2）型水库，有效库容 119.5 万立方米；猪拱地、洪河坝、夏家坝、新王坝、罗家坝和黄围坝 6 处港坝，可蓄水 450 万立方米；孔家垱、幺堰坝、毛家坝、陈家坝、庙堰、金家大堰、李家新堰、耙齿堰、徐家中堰、大鲁大堰、刘家堰、九口堰、西李家堰、鸡母塆方堰、曾家大堰等 470 余口当家堰塘，总蓄水量 500 多万立方米；灌溉泵站 139 座，泵机 139 台，总功率 1699.5 千瓦，提水总流量 9.74 立方米 / 秒，其中 40 千瓦以上泵站 14 座；主要干渠 2 条，机电井 5 口，井深 200 余米；水库、坝垱、塘堰全部蓄水，可灌溉面积 3.1 万亩，抗旱能力为 30 ～ 60 天。

四龙河水库，位于汤池镇东部，方集、陶贾村境内，四龙河中游。1952 年 10 月动工，1955 年 10 月完工。拦四龙河之水，承雨面积 6.5 平方千米，总库容 864 万立方米，有效库容 150.2 万立方米，是一座以灌溉为主，兼有防洪、供水等功能的小（1）型水库，灌区为陶贾、方集、罗王、蔡岭和杨岭镇彭集等村。2008—2009 年除险加固，主要实施大坝迎水面护坡建设、坝体防渗灌溉、背水坡导渗排水设施和泄洪道、西输水管拆除重建等工程。

四龙河水库航拍图（2016 年） 李鸿飞 摄

石堰水库航拍图（2018 年） 李鸿飞 摄

石堰水库，位于汤池镇西北部，地处孙段、打榨村交汇处。1957 年动工兴建，1975 年续建完工。总库容 296 万立方米，有效库容 182.9 万立方米，承雨面积约 3.4 平方千米，是一座以灌溉为主的小（1）型水库，孙段、打榨两村受益。2010—2011 年除险加固，主要实施坝体防渗防蚁处理、大坝迎水面护坡和溢洪道续建、新建溢洪道交通桥、输水管重建和加固、更换闸门和启闭机、增建坝顶砼路面和防浪墙、增建坝面排水设施和坝后贴坡反滤等工程。

惠亭水库北干渠，从京山惠亭水库闸口经京山县新市、永兴和曹场，过南塆到汤池打榨村，至天门蔡家村到汤池大孔村，再过汉宜公路至汉川垌冢镇。1964 年冬，由京山、应城、天门、汉川四县投入 20 万名劳力修建。渠底宽 3.5 米，渠首设计流量 14 立方米 / 秒。汤池境内约 9.5 千米，流量 7.7 立方米 / 秒。每年输水 3 ~ 5 轮，年输水 600 万 ~ 900 万立方米。主要灌溉打榨、洪河、孙段、方集、罗王、田铺、白水、金唐和大孔等村 1.67 万亩农田。2000 年，因长荆铁路通过，北干渠修建长 80 米渡槽。2013 年，北干渠坡面、渠底硬化。

四龙河西干渠，位于汤池镇东部，1961 年建，长 12 千米，从四龙河水库引水，沿

国家电网汤池 35 千伏变电站（2016 年） 李金 摄

途灌溉方集、罗王和黄围村农田 3000 多亩。1982 年冬清淤扩改，2017 年春渠底坡面硬化。

电力 1963 年，汤池安装了小型柴油发电机 3 组，装机容量 300 千瓦，低压线路 119 千米，电力主要供 156 医院和驻汤池机关。70 年代，汤池集镇附近农村用电加工农产品。1995 年，普及农村生活用电。1998 年，全镇农村通电。2014 年，建 35 千伏变电站 1 座。至 2016 年，境内有 10 千伏输电线路 4 条，长 47.32 千米；变压器 87 台，容量 2.3 万千伏安，低压线路 235 千米；居民用电 3423 户、365.4 万千瓦时，非居民用电 62 户、71.8 万千瓦时，农业生产用电 531 户、155.3 万千瓦时，工业生产用电 42 户、10.2 万千瓦时，商业用电 54 户、242.8 万千瓦时，总用电户 4112 户、用电量 845.5 万千瓦时。

交通 汤池以公路交通为主。民国时期，对外通道主要有汉（武汉）宜（宜昌）公路和龙（杨岭龙集）汤（汤池）公路，汉宜公路沿汤池南境而过，龙汤公路由杨岭龙集经杨王岭、方集到汤池，是汤池到应城城区主要道路。新中国成立后，加快公路建设，修建了方（集）孔（大孔）路、汤（池）皂（市）路、汤（池）曹（武）路、八（角碑）汤（池）路，其中八（角碑）汤（池）路建成旅游专线。八汤路东起应城城西八角碑，西至汤池集镇，1994 年 8 月被列入国家养护，路基宽 7 ~ 9 米、路面宽 3.5 ~ 5 米；2003 年列入孝感市通乡公路改造计划，标准为平原微丘三级，路基宽 12 米，沥青路面宽 7 米；贯穿应城市西部旅游经济带。

八汤路洪河段（2016 年） 李金 摄

2011 年 8 月，在汤池镇温泉路，建成省二级客运站汤池汽车客运站，每天有发往汉口、应城、京山、天门等县（市）班车，是应城市西部交通枢纽工程之一。

2000 年后，加快通村通湾公路建设。至 2016 年，18 个村（社区）建成 36 条通村（湾）公路，总长 62 千米，为沥青或水泥路面。

长荆铁路为过境铁路，经黄围、金唐和白水 3 个村，过境长约 3 千米，涉桥梁、渡槽 5 处，境内未设车站。

通信 1934 年，架设皂市至汤池电话线路。1961 年设汤池邮电支局，开通电报业务。1999 年 10 月，邮政与电信分营，电信经营固定电话业务；同时，中国移动、中国联通

汤池客运站（2011 年） 李金 摄

长荆铁路金唐段（2016 年） 彭波 摄

开展移动通信业务。2000 年起，架设汤池至应城 12 芯光缆，开通 1000 门程控电话，实现村组通电话。2006 年，中国移动、中国联通两座基站覆盖全镇，手机用户增多。2016 年，广电和联通宽带网络覆盖全镇。

邮政　1949—1961 年，仍由皂市邮政所代办邮件。1961 年，应城县设汤池邮政所，办理邮寄、报刊发行和电话电报业务。1999 年 10 月，邮政与电信分营，邮政部门专门从事信函、包裹、报刊、邮政、储蓄、汇兑等业务。2016 年，邮政储蓄新增存款 900 万元，总储蓄 2 亿元。

城镇建设　1984 年建镇后，镇政府拟定汤池镇总体建设规划。1986 年始，新建 1008 平方米的集贸市场，拓宽并铺设汤池街、民富路、振兴街 3 条街，宽 8 米、总长 1350 米的柏油路。1990 年，建 1 座 100 立方米自来水厂，镇区居民供水率 91.2%。1993—1999 年，对总长 3.14 千米的温泉路、民主路和民富路亮化，建成灯箱广告一条街。2004 年起，随着 AAAA 级温泉旅游度假村对外开放，汤池集镇按旅游名镇要求建设。新建汤池西街和温泉商业街，主街沿街房屋建成徽派风格，街道亮化美化，餐饮、住宿、旅游商贸等兴起。至 2016 年，集镇面积 3.3 平方千米，有振兴街、温泉路、民富路、民主路、西街和南街 6 条街道，总长 6000 余米，农贸市场 1500 平方米，道路、广场、路灯、花坛、灯箱广告、垃圾箱、下水道和供水供电配套设施齐全；建有污水管网、垃圾中转站，配有垃圾转运车、洒水车、垃圾箱、垃圾桶，配备保洁人员，街道实现全天保洁。

温泉路（2016 年）　　李金　摄

方集村游客集散地（2016 年） 李鸿飞 摄

农村建设 2000 年始，汤池镇以打造旅游名镇为目标，将农村建设纳入全域旅游发展规划，先后制订《汤池旅游区总体规划》《汤池镇旅游产业发展规划》《汤池镇方集村美丽乡村建设规划》，指导建设东部运动养生区、南部民俗养生区、西部温泉养生区和北部蔬果采摘区。

方集村修缮老街，以鲜野稻鳖养殖示范基地为依托，发展特色产业，以陶家湖乡村旅游综合体为核心，发展乡村运动养生休闲旅游项目，治理垃圾、污水，绿化美化村庄，建星级旅游公厕、游客接待中心、文体活动休闲场所、乡村大舞台、农家乐、甲鱼博物馆。辐射周边的陶贾、罗王等村，建成陶家湖农庄，开发农家乐、休闲垂钓、民宿、农事体验区、瓜果采摘等乡村旅游项目。以公益、四安、金唐、白水社区为点，全面铺开新农村建设。洪河村依岗岭地理特点建设新农村。2012 年，大孔村建设村级开发区步行街，街道长 500 米、宽 20 米。2014 年，建设八汤路景观绿化带，通过栽种植物营造“一带六景十六春色”，建成“春有花、夏有荫、秋有果、冬有绿”绿色生态景观长廊。

2012年，洪河村被评为湖北省宜居村庄；2014年，被评为湖北省旅游名村。2016年，公益社区被评为湖北省宜居村庄。2016 年，方集村被定为湖北省美丽乡村试点。

经济建设

汤池镇经济发展以农业和旅游业为主，不引进工业企业。2016 年，实现地区生产总值 3.35 亿元，财政收入 1273 万元，完成固定资产投资 13.7 亿元，社会消费品零售总额 14.9 亿元，农民人均收入 1.52 万元，规模以上企业 7 家。

农业 汤池农业以种植业和养殖业为主。传统农作物主要是水稻、小麦、棉花、玉米、花生、荸荠、莲藕、油菜、大豆及其他瓜果蔬菜品种。1989 年始，杂交稻等农作物优良品种种植面积逐年扩大。1993 年后，根据“稳定粮棉油，发展名特优”的工作思路，形成粮食、茶叶、特种水产养殖、畜禽四大农业生产板块。2016 年，粮食种植面积 2.7

金塘村航拍图（2016 年）

万公顷，总产量 1.61 万吨；油料作物种植面积 1009 公顷，总产量 2122 吨；蔬菜种植面积 345.6 公顷，总产量 1.25 万吨；茶园面积达到 77 公顷，干茶产量 5900 千克；牲猪存栏 1.51 万头，出栏 1.71 万头；养鸡 61.02 万只，养鸭 32.14 万只，肉类产量 1419 吨，禽蛋产量 5924 吨。

甲鱼养殖是汤池的特色产业，既有成鱼养殖水面，也有种苗繁殖基地。2016 年，甲鱼养殖水面 158 公顷，产甲鱼 260 吨，产值 1.4 亿元。

商贸旅游　建镇前，商贸经营主体主要是国营综合商店、供销社和街道（社队）经营部；90 年代，国营商业改制，个体商业迅速发展，供销社等集体商业经营下滑。进入 21 世纪，开发汤池温泉资源，发展旅游产业，商贸旅游业日渐繁荣。2016 年，湖北汤池温泉旅游有限责任公司是最大商贸旅游综合体，集洗浴、娱乐、食宿、会务、商务等于一体；同时，集镇 4 条主街上日用百货、粮油副食、餐馆酒店、超市等经贸活跃，商品零售额 1.3 亿多元。

财税金融　建镇后，镇级财政不断增长，2016 年实现财政税收 1273 万元，其中国税 247 万元、地税 1026 万元；金融业经营主体增加，2016 年有农村商业银行、邮政储蓄银行、商业保险 3 家金融机构，年末存款余额 2.6 亿元。

李鸿飞　摄

政事

基层民主　汤池建镇后，实行基层民主制度，镇党委、镇政府领导班子通过选举产生；随着村民委员会组织法实施，实行村民自治，村级民主加强。2014年10月，村（社区）换届选举，11800名村民，依法差额选举产生50名镇人大代表和64名村“两委”成员。2016年10月，从镇党委所辖31个党支部725名党员中选举产生中共汤池镇第十届委员会党代表，召开汤池镇第十次党代会，选举产生党委书记、副书记、委员和纪检委员会书记、副书记、委员；同月，召开汤池镇第十二届人民代表大会，选举产生汤池镇第十二届政府组成人员和人大主席团正、副主席。

综合治理　汤池镇地处应城、汉川、天门、京山4县（市）8乡镇接合部，治安情况较复杂。90年代起，实行“边界互防，区域自防，重点预防，干线控防”的治安联防机制，综合治理经验在湖北省推广。进入21世纪，开展平安乡镇创建活动，建成1200平方米镇综治中心大楼，设监控研判室、矛盾纠纷调处室和群众接待大厅，并按照《社会治安

汤池派出所（2016年）　　李金　摄

综合治理基础数据规范》要求，通过实效测评和满意度评价，将村（社区）评定为“示范、达标、基本达标、未达标”4类，各村（社区）对照整改，提高综合治理能力。

民生

教育 40年代，方集、黄围、大孔、白水、陶贾和公益村，设私塾，开展启蒙教育；另外，镇域部分学子就读于天门皂市小学。1950年起，开办王庙、黎河、公益小学。60年代初期，各村办耕读小学和扫盲班。1969年1月，各大队办小学。70年代初，境内办起汤池初级中学、景墩初级中学和董庙初级中学。1975年，办汤池高中。1980年，汤池有小学18所、初中4所、高中1所，在校学生6000余名。建镇后，学校有所调整。1987年起，普及九年义务教育，四龙、王庙、汤池、公益学校建教学楼，增加师资，小学入学率、巩固率、毕业率、升学率100%。2000年起，随着人口变化，学校又不断调整。2016年，有汤池中心学校1所，其中小学7个班级、在校学生340名，初中3个班级、学生126名；教职员工47名。幼儿园1所，入园幼儿185名，在职教师17名。

应城市汤池中心学校（2016年） 李金 摄

文化体育 新中国成立后，境内群众文化活动日渐丰富，有楚剧、汉剧、皮影、流动电影、讲故事、唱歌、扭秧歌，打球、下棋等文体活动。建镇后，文化设施不断加强，文体活动不断创新。1987 年，建汤池文化站，配备阅览室等设施。2005 年，建成文化中心，搭露天戏台、放露天电影。2015 年，成立综合文化站，面积 500 平方米，集图书室、阅览室、培训活动室等于一体。2016 年，全镇有综合文化体育站 1 个，建筑面积 1100 平方米，配备多功能会议室、图书室、电子阅读等设施；文化休闲广场 1 处，占地 9900 平方米；民间歌舞团 4 个，皮影队 1 个，农家书屋 18 个，图书 6 万余册，篮球场 15 个，83% 村（社区）建体育设施；数字电视用户 3655 户。

至 2016 年，汤池镇群众自发成立汤池文艺表演队、汤池歌舞戏曲乐队、汤池温泉乐队等文体团队，每年组织活动，参加比赛。文艺表演队参加历届应城市广场舞大赛并获奖；民间艺人方卫东、皮影传承人夏想德、唢呐艺人张社清，每年参加应城市文化赶集活动；每年 3 月最后一周举办湖北省“汤池温泉杯”业余围棋段级位赛。

医疗卫生 30 年代，汤池地区就开办了中西医医疗机构。1934 年，李范一兴办汤池农场时，开设西医；汤池训练班开办后，医务室有中西医坐诊。1948 年，解放军在李家庙设后方医院。1951 年，皂市中医在方集街开诊所；60 年代，方集有西医坐诊。1975 年，建汤池公社卫生院；1978 年，改汤池卫生所；1984 年，更名为汤池镇卫生院。

1969 年 5 月，鸡公山五七疗养院迁至汤池，命名为 156 医院。1976 年 12 月，驻麻城县浮桥河的 161 医院三内科（结核科）76 名医护人员与结核病人及医疗设备转入 156 医院，更名为结核病专科医院。1982 年 7 月，有病床 300 张，干部职工和医护人员 148 名。

汤池腰鼓队（2013 年） 彭波 摄

汤池居民之家（2016 年）　　彭波　摄

1985 年 9 月，移交广州军区后勤部。1988 年 1 月，因裁军，医院撤销。

2016 年，汤池镇打榨、金唐、大陈、公益村设卫生室，应城市人民医院设汤池分院，有职工 25 名，占地 6000 余平方米，建筑面积 2620 平方米，有全自动生化分析仪、B 超诊断仪、综合牙科治疗仪、心电监护仪、自动呼吸机和手术床等医疗设备，设内儿科、外科、妇产科、五官科、中医科和 2 个护理科室，住院部床位 20 张，门诊诊疗 3 万人次，住院病人 2000 ~ 3000 人次。

人民生活　随着农村和城镇建设的发展，人民居住条件不断改善。2004 年始，集镇行政企事业单位职工住房商品化，职工人均住房面积 30 平方米。2011—2016 年，实施农村危房改造工程，所有农村低保户、贫困户、残疾人家庭的危房改建为红砖瓦房。2016 年，汤池镇财政供养人员年均工资 3.1 万元，私营企业职工年均工资收入 3.5 万元，个体工商户年人均收入 5.4 万元；村镇人均住房面积约 33 平方米。

社会保障　1987 年起，实施合同工养老保险制度；2011 年起，实行农民养老保险，农村户口收取养老保险金；2012 年始，年满 60 岁农村老人领取养老补贴；2015 年起，农村五保人员纳入财政保障范围，采取集中供养和分散供养，标准为每人每年 5000 元和 3500 元。至 2016 年，城乡居民社会养老保险实现全覆盖，农村参保 4811 人；城乡居民医疗保险全覆盖，11500 名居民参保。

陶家湖（2017 年）　　彭波　摄

温泉

汤池温泉是中国著名的高温矿泉之一。汤池温泉是一处泉眼群。原有泉眼 20 多处，水量多、水温高。较大泉眼有 3 处，当地人依照其位置及水量大小，分别称为一池（头池）、二池、三池。泉水自流，水温高达 70℃左右。头池为最大泉眼，称玉女泉，亦称玉女汤。另外，在玉女泉南北均有温泉水出露，属玉女汤温泉群。南北朝时期，玉女汤泉眼周长 60 余米，水温极高，不可手探。

1972 年，探得地热储量为 8.998×10^{12} 千卡，地下热水可开采资源量为 6013.7 立方米 / 天，最高供水达 1.8 万立方米 / 天。泉水属于含氟、偏硅酸的硫酸钙型矿水，呈微黄色，闻之有硫气。

2005 年，湖北汤池温泉旅游有限责任公司以玉女泉为中心，打造汤池温泉度假村，形成以温泉为主题的国家 AAAA 级综合旅游度假休闲景区。景区占地 5400 亩，成为温泉主题型综合旅游度假休闲景区、中国温泉之乡、全国旅游标准化试点单位。度假村单日最高客流量达 8000 人次，成为华中地区颇具影响力的旅游景区之一。至 2016 年，汤池温泉全面升级，已兴建湖景高尔夫球练习场、商务度假酒店、景观酒店、别墅区、大型水上欢乐世界、高端国际会议中心、园林式生态餐厅、大型生态拓展基地、趣味农庄、鲜蔬果采摘园、高端温泉汤屋和大型露天游乐场等多项配套设施场地。

溯源

3000 年前，汤池是大洪山脚下的一片沼泽地，四周百姓在沼泽边开田种粮。泽边有座天灵山，山中有泉水，四季高温。百姓在泉中泡澡，可疗伤，治各种顽疾。百姓不知所以，互传有玉女投泉，故将此泉称作玉女泉或玉女汤。

清代吕吴调阳著《汉书地理志详释》称，早在战国时期，汤池就受到王者的珍视，楚惠王五十六年（前 433），楚惠王“曾居汤池遥寄曾侯乙”。

战国时期，楚国文学家宋玉在应城西有楚襄王赐予的田舍，劳作之余，西行 5000

玉女汤遗址（2007 年） 李金 摄

多米，见山谷有一小湖，湖水绿黄，湖面热气腾腾，故作诗“硕硕斯池兮盛碧汤，潺潺神汤兮利稼穑，稻粱菁菁兮足黎庶，仓廪盈盈兮兴楚邦”。后人根据宋玉诗，开始有部分人把玉女泉改称汤池。

南朝宋元嘉九年（432），文学家盛弘之撰著《荆州记》对汤池作了形象化记述，其云：“……惠泽中有温泉。冬月未至，数里遥望，白气浮蒸如烟，上下采映，状若绮疏，又有车轮双辕形，世传昔有玉女，乘车自投此泉。今人时见女（子）姿仪光丽，往来悠（倏）乎……”

北魏时期的地理学家、文学家郦道元在《水经注》中描述汤池奇景：“七泉奇发，炎热特甚”“可以疗疾矣”。“云皇女汤”，也称之为“汤谷”，“其热可以挦鸡”。温水“口径二丈五尺，垠岸重沙，端净可爱，靖以察之，则渊泉如镜，闻人声，则扬汤奋发，无所复见矣”。

后世之人根据《荆州记》《水经注》等记载，慕名而来，随之将汤池之名传遍华夏。唐开元十八年（730）初夏，李白读《荆州记》后慕名游汤池，写下《安州应城玉女汤作》(康熙御定《全唐诗》卷一百八十一)，汤池之名更盛。

至南宋，古人对汤池水质进行分析。王象之撰《舆地纪胜》载：“温泉出京山东泽中，渊静如鉴，闻人声则扬汤奋发，其热可以挦鸡。东南流注于溳。周圣楷曰：‘凡温泉所在，其下必有硫黄或丹砂；白矾为之根，乃蒸为暖流。’”胡仔《苕溪渔隐丛话》云：“惟新安黄山是朱砂泉。春时，水微红色，可煮茗。长安骊山是矾石泉，不甚作气。太白诗云色涨桃花然，则玉女泉定是丹砂耳。”

历代地方志中对汤池也有详尽的记述。清康熙八年(1669)，知县樊司铎主修的《应城县志》记载：“池体，石也，状如釜，白烟上冲，寒时尤甚。乡人言池产黑鲫及蛙游泳其中，以他处鱼投之即烂熟。”雍正四年(1726)，知县李可寀主修的《应城县志》记载：“周围二十余丈，形如釜，水有硫气翻沸不息，不可手探；囊米其中，顷刻即熟。而池中苔草青青，春冬一色；流为陂泽，资以灌溉，是为上池。池南数十丈，复有沸泉出土中；袤长七八丈许，热稍减，是为下池。浴之皆可疗伤疾。居人于下池之南，石为坎数区，凿窍引水蓄波之；覆以屋，男女分垣而浴。其南出之水，流为汤池港，至响水潭入五龙河。”

雍正《应城县志》中汤池图(2016年翻拍)

楚国文学家宋玉(2010年)　李金　摄

地热资源

地质特征 汤池位于大洪山南麓，地处淮阳山字形前弧西翼与新华夏系江汉构造盆地北缘毗邻地带。基本以西河—皂市断裂为界，断裂以西属淮阳山字形前弧西翼外弧的构造部分，以东属江汉构造盆地展布范围。总的地势西北高、东南低，形成向南开口的小型盆地，为汤池地下热水的径流和排泄创造了有利条件。

在地质构造上，汤池位于区域上两组深大断裂的复合部位，岩石十分破碎，多为 6 ~ 15 厘米块度的碎裂状，裂隙发育。两组破碎带的交汇带处，将震旦系岩石切割成破碎区，为热水的循环与赋存创造了构造条件，也为地热田提供了热源和地下热水运移通道。

在地层岩性上，汤池一带上部为第四系黏性土，中部为上第三系黏土岩或泥灰岩，

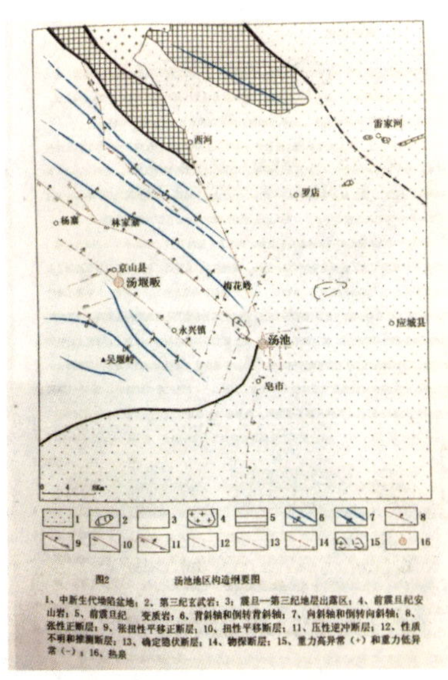

汤池地区构造纲要图（1972年绘）

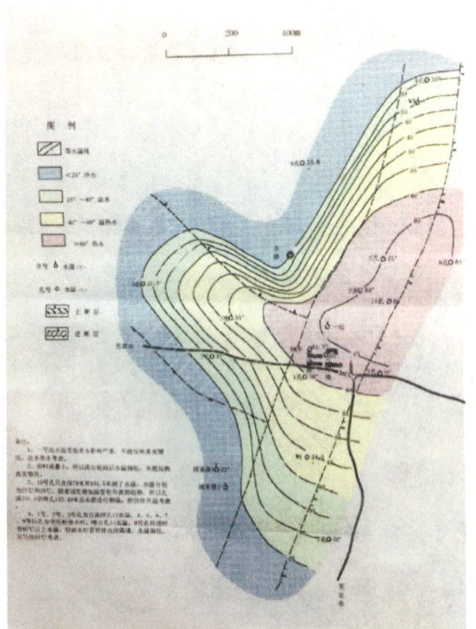
汤池热水等水温线图（1972年绘）

下部为下第三系沙质黏土岩、黏土质粉砂岩、粉砂岩，组成相对隔水隔热层（亦称盖层）。盖层下部由震旦系灯影组白云岩、硅质白云岩、角砾岩、白云质灰岩以及断层破碎带组成，岩溶发育，岩石破碎，为主要储热储水层。

地热形态

分布 受区域上的北西向断裂和北东向断裂（林家寨至汤池和西河至皂市断裂）所制约，汤池地热田的分布范围及平面形态为丁字形。1958年，探得地热田最高水温超过70℃。1972年，探测地热田水温在25℃～65℃，地热流体分为热水、温热水、温水三级。热水平面分布21.4万平方米，温热水平面分布31.7万平方米，温水平面分布22.1万平方米。

补给 地下热水补给主要来源于西北山区降水，补给量丰富。汤池地热田的热源，主要与动力构造有关，亦与岩浆活动和侵入岩体有关，地热类型为Ⅱ-2。

性质 汤池地热田地下热水的水力性质属碳酸盐岩岩溶承压热水。化学类型主要为硫酸钙型水，硫酸根离子含量高达670毫克/升，酸碱度为7.1～8.2。汤池热水的矿化度为1.2～1.3克/升，属低矿化水；其中，钠离子浓度40～80毫克/升，钙离子200～260毫克/升，氟离子3～3.5毫克/升，偏硅酸67.6～83.2毫克/升。热水中氟、

汤池港（景润河）镇区段（2016年） 李金 摄

偏硅酸达到命名矿水浓度国家标准。即汤池热水属于含氟、偏硅酸的硫酸钙型矿水。汤池热水的氡射气浓度为 58.09 ～ 77.1 贝可勒尔 / 升，达到矿水浓度。

流量 1949 年以前，汤池温泉为自流状态，沿汤池港外溢。后因过度开采，泉水温度逐年下降。1972 年，在度假村一带，汤池地热田地下热水天然状态下为自流区，静压水头高出地面 1.99 米，自流量为 3067 立方米 / 天。1986 年以后，几乎不再外溢，需要用水泵抽出；只有京山、天门一带大雨过后数日，偶尔有少量热泉水溢出。

储量 玉女汤温泉是华中第一高温矿泉，地热田资源储量达到 C+D 级。地热储量为 8.998×10^{12} 千卡，按回收率 15% 计算，可采热能为 1.35×10^{12} 千卡。地热水补给量为 6486.5 立方米 / 天，热水体积储存量为 2.1×10^{7} 立方米，降深控制在 5 米时地下热水可开采资源量为 6013.7 立方米 / 天。2016 年，有热水井 13 口，最高供水可达 1.04 万立方米 / 天。

开发利用

开发历程 早期的汤池，长期处于原生态使用状态，主要用于洗浴和灌溉。明清两朝，“玉女温泉”被列为“应城八景”之一，供文人雅士游玩的同时，招徕达官贵人疗病养疾。清康熙九年（1670），应城知县樊司铎在汤池首建侯馆，接待各方来宾，经营汤池温泉。清康熙二十九年（1690），知县齐国政重修，并立碑，撰写《修筑侯馆碑记》，铭刻碑文，详记修馆始末，其载：“……远近官民及将卒，贵介戚属，或日数至，或经月不去。就此养疴，名曰坐汤。”

1911 年以后，汤池逐渐成为疗养胜地，政府在此设立野战医院和军人疗养院。

1938 年 10 月，日军第十六师团二十联队侵占应城汤池、天门皂市一带，其联队指挥部设在汤池，并将汤池温泉建成日军疗养所，长达七年之久。按当时温泉日采储量 10290 立方米计，1938 年 10 月至 1945 年 9 月，日军占用温泉资源约 2629.095 万立方米。

汤池招待所（2015 年） 李金 摄

中华人民共和国成立后，接管野战医院和军人疗养院。1958 年，建汤池招待所。1963 年，中国人民解放军武汉军区在汤池建立以疗养为主的军队疗养院，即 156 医院，此后在此驻扎 20 余年，构建办公、休闲和游览设施，利用温泉资源，开展疗养服务，再次使汤池成为享誉鄂中的疗养胜地。1985 年，汤池镇在 156 医院及周边设立汤池风景管理区，除接待游客外，接管 156 医院疗养服务功能。2005 年开始，汤池镇规划建设康养综合体，将医疗服务、人体健康、疗养休闲有机结合。2015 年，汤池镇政府与湖北汤池温泉旅游有限责任公司联合，以"乐天福地，医以养老"为理念，以温泉养生为依托，将汤池镇建成融旅游、度假、居住为一体的休闲旅游大本营和养生养老目的地，建成具有独特汤池温泉文化内涵和特色旅游功能的华中理想人居小镇、国家康养小镇。随着人们对汤池温泉的认识深化，生活水平的逐步提高，社会需求的深度发展，汤池温泉的开发利用形成规模化、集约化、产业化，主要体现于疗养、水产养殖、洗浴养生和旅游等方面。

热水利用 1958 年，湖北省地质勘探队到汤池，竖起井架，测定汤池地下水的水温水量。经过 20 多天的钻探，钻到地下 64 米处时，发现底层有 3 个流量极大的来水泉源，水温高达 70℃，钻杆受到水的冲击摇晃不止，钻头发烫。提起钻盖，水冲 3 米多高。经测定，地层水温高，储量大，底层是来自京山的一条地下河，河水流经汤池地带，受地下的硫黄冲热而成温泉，此处定为"五八泉"（即汤池招待所院内 58# 井）。1958 年起，先后建成热水生产井 3 口，即 58#、2#（招待所用），党校井（党校使用），每日总开采量 1000 立方米。泉水自流，日均流量 3067 立方米。这一时期，热水主要用于洗浴、小规模取暖、医疗、育秧、孵化、制奶粉、养殖水浮莲等。

汤池镇一角（2012 年）　　李金　摄

1971 年，开始对地下热水进行规范勘测；1972 年，勘测完成。勘测结果的公开及当地人口的增长，使地下热水的需求迅速增加。至 1981 年，热水生产井增加到 10 口，总开采量达到 8000 ～ 9000 立方米 / 天，高峰时可达 11000 立方米 / 天。同时，地热田的中心水位降至 24 米左右，泉眼无自流热水。这一时期地下热水的用途除原有的洗浴、取暖、医疗、育秧、孵化、制奶粉、养殖水浮莲外，开始养殖热带鱼且养殖面积逐年增加。

1982—2004 年，热水需求迫切。0.5 平方千米范围内热水井达 18 口，后陆续关闭 5 口。13 口生产井，井深 150 ～ 180 米，日取水量 1.31 万立方米，最高达 1.8 万立方米，地下水位降深 40 ～ 45 米。这一时期地下热水主要用于甲鱼及热带鱼养殖，少数用于取暖和洗浴。

2005 年，武汉丰太集团落户汤池，成立湖北汤池温泉旅游有限责任公司，专门进行温泉的开发利用。应城市国土资源局下设的市地质矿产服务中心，负责地热田开发利用过程中的管理和保护。应城市汤池温泉风景管理处和湖北汤池温泉旅游有限责任公司，获得采矿权。对 13 口井进行甄别，6 口井正常生产，7 口作备用井并进行卫生防护。6 口生产井，井径 219 毫米，单井间距 130 ～ 270 米不等，下置 80 ～ 120 吨深井泵，取出热水后就近输送注入鱼池或洗浴池，输送距离小于 100 米。应城市汤池温泉风景管理处获矿区面积 0.1 万平方米，开采深度 40 ~ −160 米标高，井 2 口，日均取水量 2000 立方米，主要用于洗浴、取暖；湖北汤池温泉旅游有限责任公司获矿区面积 1.02 万平方米，开采深度 40 ~ −120 米标高，井 4 口，日均取水量 4000 立方米，主要用于康乐洗浴。

温泉旅游

汤池地处大洪山余脉，京山脚下，地域偏僻，交通不便，往来人员较少。后因《水经注》记载及李白诗的传诵，游客见多。1949 年后，应城县在汤池设立招待所，以接待各方来宾。

2004 年 10 月，成立湖北汤池温泉旅游有限责任公司，开发汤池温泉。2005 年 9 月，建成华中地区唯一的温泉类国家 AAAA 级旅游景区。至 2009 年，接待全国各地游客 300 多万人次，旅游创收 3 亿多元，缴纳税金 2700 多万元。景区先后被评为湖北省先进旅游景区、湖北人眼中最具魅力的新景点、湖北省创建文明风景旅游区工作先进单位、湖北省明星企业等。汤池镇先后被评为全国首家温泉开发利用示范区、全国“一村一品”先进乡镇、中国温泉之乡等称号，为湖北省旅游名镇。汤池温泉旅游进入成熟的发展阶段，游客每年递增 15%。2013 年年底，汤池温泉游客接待量达 79.6 万人次。2016 年，年接待游客超过 40 万人次，旅游综合收入突破 6 亿元，带动周边村民近 3000 人就业。

规划定位 先后聘请北京大学、武汉理工大学，完成《应城市汤池旅游区总体规划》《湖北省应城市汤池镇总体规划（2012—2030）》。制定《应城市汤池镇创建全域旅游示范区行动方案》，构筑“一心一核四区”旅游格局。“一心”指汤池镇旅游集散服务中心，“一核”指陶家湖旅游核，“四区”包括东部运动休闲区、西部医疗养生区、南部民俗养老区、北部果蔬赏摘区。

立足湖北美丽田园、华中养生福地，形成“汤养古今，池行天下”的特色小城镇形

汤池西街（2016 年）　　彭波　摄

象。投入 9860 万元改造汤池集镇。改造温泉路、民主路、振兴街和菜场等老街，按照“白壁、黛瓦、飞檐、马头墙”的徽派建筑风格统一装饰旧房，重新铺设下水管道，刷黑镇区道路，铺设仿古人行步砖；配置古镇风格的路灯 100 盏，铺设地埋式电缆；将 20 米宽的汤池东街路面硬化；新建中百仓储等购物中心，完善旅游链条；改建应城市人民医院汤池分院，加大疗养硬件投入；通过招商引资，建成集民俗表演、特色小吃、娱乐酒吧于一体的汤池西街。以温泉养生为依托，建成融旅游、度假、居住为一体的休闲旅游大本营及养生养老目的地；形成具有独特汤池灵泉文化内涵和特色旅游功能的华中“理想人居”小镇、国家康养小镇。

汤池温泉旅游度假村　由湖北汤池温泉旅游有限责任公司于 2005 年开始打造。在保持其原有温泉品质及生态环境基础上，通过基础建设、市场运营，建设汤池旅游度假村，使之成为湖北省内最早的集酒店、餐饮、会议、温泉四大功能于一体的温泉度假型景区。建成后，单日最高客流量达 8000 人次，成为华中地区最具影响力的旅游景区之一。

其后，进行全面升级改造，扩充多功能温泉泡池规模，兴建高级温泉会所，发展生态、健康的森林温泉池区，兴建湖景高尔夫球练习场、商务度假酒店、大型水上欢乐世界、高端国际会议中心、园林式生态餐厅、趣味农庄、鲜蔬果采摘园、高端温泉汤屋、生态湖畔餐厅及酒店等多项配套设施，将度假村打造成为集温泉沐浴、休闲养生、商旅会务、游乐度假为一体的多元化生态旅游区。总投入资金 15 亿元，建成园区 5400 亩，成为国家 AAAA 级综合旅游度假休闲景区。

汤池温泉旅游度假村内，层峦叠翠，风光宜人，大型植被、生态湖、生态鸟岛、阁亭连廊等观光胜景掩映其间。以高温温泉开发为基础，集水疗养心、维其浴、气泡浴、美容浴、五福汤等多种功能温泉为一体，融汇各国温泉文化精华，为游客提供生态天然原汤养生服务。作为国内罕见的优质保健型温泉，汤池温泉旅游度假村日出水量达 1.04 万立方米，水温恒定在 60℃左右，泉水中富含硫、钙、镁、钾等 48 种对人体健康有益的矿物质微量元素。还引进土耳其罗非鱼鱼疗、以色列死海黑泥浴、精选深海海盐浴等，专为女性打造美肤养颜体系，运用中国中医与现代科技进行有机结合的八色汤、养心馆等，将现代科技、传统医学及温泉养生概念与休闲健康结合，为游客提供多种专业疗养保健服务。汤池温泉旅游度假村主体由汤池广场、接待中心、温泉中心和温泉池区组成，还建有景观酒店、会议中心、生态农庄等。

汤池广场（2016 年） 彭波 摄

温泉中心（2016 年）　　李金　摄

水疗池（2015 年）　　李金　摄

温泉池区集水疗养心、维其浴、气泡浴、美容浴、五福汤等多种功能温泉主题，共有浴池 128 口，按功能分为多个池区。公共池区有水疗池、桃花池、冷热瀑布、气泡涌泉、沐兰泉、太极转运池、海盐浴、瓜果泉、鱼疗池、暖身泉、地热带、清丽泉、温泉鸡蛋坊、佛诞池、冲浪池。其中，水疗池是汤池温泉旅游度假村面积最大的温泉水疗功能池，池内有 12 个按摩器，如全身超音波、独立周身浴、冲击水锤浴、强力按摩浴等水疗设施喷涌出强劲泉水。

四季泉池区有春风泉、夏雨泉、秋艳泉、冬暖泉。

恒温泳池与养心馆池区，包括恒温泳池、维其浴、气泡浴、玛瑙浴、光波浴、蒸气浴、木炭浴。恒温泳池，宽 12 米、长 18 米，占地 1000 平方米，池水温度恒定保持在 36℃～38℃。

养颜靓肤区包括柠檬池、香薰池、咖啡池、红酒池、薄荷池、纯露池、汉方池。浪漫情侣区包括蜜语泉、浓情泉、花前泉、月下泉、红花池、菊花泉、月季花泉、郁金香泉、百合泉、同心泉、连理泉。

五福汤区包括福命汤池、禄运汤池、长寿汤池、安康汤池、宁神汤池。丛林泡池区包括香樟泉、翠柏泉、碧樱泉，应城三宝池区包括盐海浴、石膏浴、盐足浴。八色汤池

游泳馆（2015 年） 李金 摄

情侣区（2015 年）　李金　摄

区包括清热解毒汤、养血安神汤、强心益智汤、美容健肤汤、补气健脾汤、活血通络汤、祛风除湿汤、健腰固肾汤。

彩鱼坊包括彩鱼沐、檀木泉、黑松泉、桧木泉、白松泉。

彩鱼沐（2015 年）　李金　摄

太白泉（2015 年） 李金 摄

名人泉区包括景润泉、太白泉、陶铸泉、玉女泉。

树屋区包括美林浴、海浪浴、舒摩浴、理肤池、活氧池、清润池。商务木屋区包括精英池、翘楚池、优派池、万象池。情侣木屋区包括子鼠池、丑牛池、寅虎池、卯兔池、辰龙池、巳蛇池、午马池、未羊池、申猴池、酉鸡池、戌狗池、亥猪池。新木屋区包括祈愿池、清远池、怡神池、灵霄池、玉清泉、蓬莱泉。

滑道区包括螺旋滑道池、雪橇滑道池、太空盆滑道池、大喇叭滑道池、彩虹滑道池。

流光滑道

水上项目区包括儿童乐园、竞技池。

北区汤屋区包括茗心泉、道言泉、乾坤泉、兴邦泉、御金泉、天鑫泉、锦添泉、风雅泉、水宁泉、风清泉、雪悦泉、海明泉、春晖泉、夏菲泉、秋影泉、冬妍泉、紫檀泉、金蟾泉、墨竹泉、朱宝泉。

儿童乐园（2015 年） 李金 摄

游乐场（2015 年） 李金 摄

沐芳园，是集花瓣浴、纳米浴、淋浴、太空舱、中药池、醋浴等多种功能于一体的主题池区。

水上欢乐世界，拥有雪橇炮筒滑梯、螺旋滑梯、流光封闭滑梯、超级大喇叭、彩虹滑梯、宇宙太空盆等多项设施。

度假村景观酒店有观鹭楼、香樟楼、翠柏楼、碧樱楼、景润楼等，客房 800 余间，床位 1500 多个。此外，建有臻品别墅 26 栋，尊贵客房 195 间，分别为玉泉阁 12 栋、玉林轩 7 栋、玉景宫 4 栋、玉龙殿 3 栋。木屋区还建有 6 套别具特色的原生态温泉树屋。

汤池旅游度假村注重园区生态环境的养护与升级，投入大量资金扩增绿地面积，引入多种名贵树木及花卉品种，除建设有北区农庄、蔬果采摘基地、生态垂钓园外，还在园区北部建有一座以生态湿地为基础的大型鸟岛。鸟岛吸引多种鸟类繁衍生息，成为度假村内一道独特风景。这里栖息着大批国家二级保护动物——白鹭，它们体型纤瘦，嘴及腿黑色，脚趾黄色，繁殖期羽毛纯白，颈背有细长饰羽，景区内优美的自然风光及对原生态环境的保护，成为它们栖息繁衍的乐园。

生态鸟岛（2015 年） 彭波 摄

水上欢乐世界（2015 年）

彭波 摄

旅游线路 走出汤池温泉旅游度假村，在汤池镇，有镇域一日旅游圈。看湖光山色，游石堰水库，逛汤池西街；看美丽乡村，游地磁观测站；考察汤池中华鳖养殖场，体验稻鳖和稻虾立体混养，购汤池甲鱼，品甲鱼汤，购石膏雕塑制品；参与人文活动，包括欣赏汉剧、看皮影戏、参与民间艺术行、听温泉传说、品灵泉文化。

与应城其他资源整合，形成一天旅游圈。进龙池山庄，看矿山公园，踏伍山林场，游短港水库，体验美丽山水；或看革命烈士纪念馆，游人民公园，观文峰塔，拜寿宁禅寺，共鸣人文情怀。

主要旅游线路还有文化之旅，经烧香台寿宁禅寺、应城人民公园、文峰塔，看门板湾遗址，品味应城文化。红色之旅，由鄂中革命烈士纪念馆出发，经应城革命烈士纪念馆，到彭铁烈士陵园，回味革命历程。山水之旅，游短港水库，逛应城国家矿山公园，上伍家山，下龙赛湖，体味原始风貌。

旅游服务 2007 年，由湖北省林业厅、应城市政府筹资 1800 万元，对应城至汤池镇 21.6 千米的旅游公路进行硬化、拓宽，建成一条高标准的旅游专线。投资 1000 万元，在镇政府办公大院原址上建设一座省二级客运站，并开通武汉直达汤池的旅游专线。镇区道路网为方格网 + 环形路网形式，形成四横六纵的主干路路网骨架系统，道路分为镇区主干道、次干道、支路三个等级，主干道宽度为 26 ~ 30 米；次干道宽度为 16 ~ 24 米；支路宽度为 12 米。武荆高速公路可通过应城城区连接线，进入汤池旅游专线到达景区；也可通过皂（市）曹（武）公路进入景区。

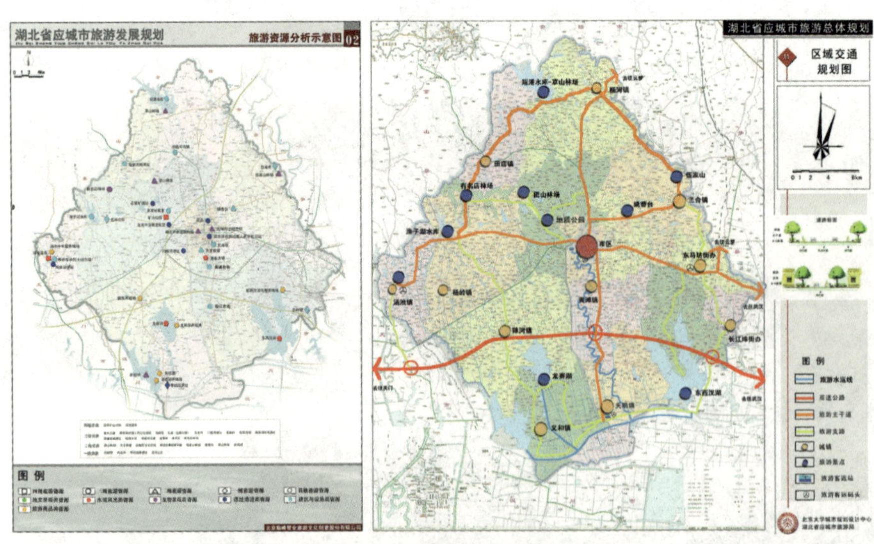

2012 年制旅游资源分析示意图　　区域交通规划图

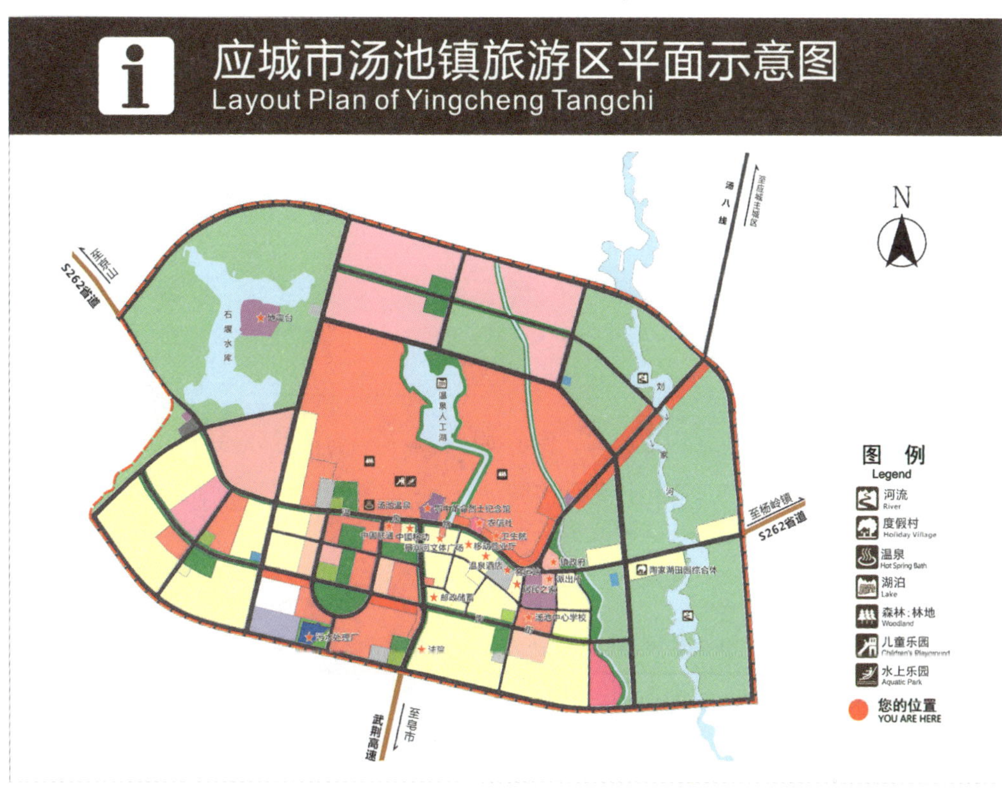

2005 年汤池镇旅游区平面示意图

旅游交通由武汉市出发，经 105 国道吴家山收费站，接 107 省道朱湖收费站，于应城循八汤线即达汤池温泉；由孝感市出发，经 316 国道至云梦县，经云应线达应城，再循八汤线达汤池温泉；由襄樊市出发，循襄荆高速公路至钟祥胡集，再经京山、曹武达汤池温泉，或循 316 国道，经随州、安陆至云梦，接县级公路达应城城区，再循八汤线达汤池温泉；从宜昌市出发，经宜黄高速公路至天门毛嘴下，接县级公路到天门市，循县级公路达皂市，再达汤池温泉，或循汉宜公路经当阳、沙洋、皂市达汤池温泉；从荆州市出发，沿县级公路经钟祥、京山、曹武达汤池温泉；从荆门市出发，沿县级公路经毛嘴、天门、皂市达汤池温泉。铁路交通，可由全国各地乘车，经长荆铁路到应城火车站，再转乘公交车到汤池镇。航空方面，可乘飞机到武汉天河机场，再转乘班车到汤池。

汤池镇有完备的餐饮、住宿服务体系。在汤池温泉风景区内有星级宾馆、饭店。在汤池街道，有餐饮一条街，有多处宾馆、饭店及别墅。

温泉养生

养生方式 汤池养生，历史悠久，传承绵厚。最初只有疗养和沐浴两种方式，随着养生理念的不断裂变，汤池养生，延伸出原汤养生、水系理疗养生、中医温泉养生、运动养生、饮食养生、生态养生等多种形式。

2005年，湖北汤池温泉旅游有限责任公司在保持原有温泉品质及生态环境的基础上，全面改造升级，扩充多功能温泉泡池规模，增加汤浴养生种类，提升汤养生品质。汩汩流动的泉水对人体有按摩作用，在一些专门修建的按摩池中，泉水集束泻下，利用落差产生冲击力，按摩人肩部、背部、腰部、腿部的肌肉，对久坐电视、电脑前引发的肩背僵硬及腰酸腿疼有明显的改善作用。泡温泉还对脑力劳动者慢性疲劳综合征有较明显的疗效。进入21世纪，因养生理念深入人心，需求日盛，以玉女汤为核心的汤养生方式不断推陈出新。

原汤养生 在温泉开采及应用过程中不加温、不加水，力求以最纯正、天然的优质温泉水源，为广大游客创造极富生态情景及文化韵味的沐浴享受，将其以纯正水质为根基的养生功效及保健体验最大化。

水系理疗养生 汤池旅游度假村拥有华中地区首创的温泉水系理疗程序，共有59套水疗设备。

中医温泉养生 汤池温泉利用中医原理，开始将养生向差异化、个性化方向发展，即由专业医师对泡温泉者进行健康检查，因时、因地、因人而异，为其制定适宜的温泉养生方案，通过调节泉水温度、增减水压、添加特制的养生药材，以期达到形神共养、协调阴阳、顺应自然、和调脏腑、通畅经络、节欲保精、益气调息、动静适宜的效果。

养生文化旅游节

汤池镇养生文化旅游节由汤池镇人民政府主办，以宣传汤池温泉文化、旅游文化、养生文化品牌，发掘汤池养生文化内涵的综合性旅游节庆活动。

养生文化旅游节活动一览表

表 2

名称	时间	活动主题内容	影响
中国·湖北应城汤池乡村温泉文化节	每年 1、2 月	田野风情泡汤、特殊效果温泉博览、生态温泉馆	国内国际
中国·湖北应城汤池乡村民俗体验文化节	每年 7、8 月	农家乐生态体验、乡村美食、水上娱乐、民俗体验	国内
中国·湖北应城汤池养生文化节	每年 10 月	矿泉理疗、中医理疗、太极养生、饮食养生、文化养生、温泉美容	国内国际
中国·湖北应城汤池红色旅游文化节	每年 4、5 月	鄂中革命烈士纪念馆、红色教育	国内
中国·湖北应城汤池素质拓展训练周	每年 9 月	综合素质拓展训练、野外生存训练、团体协作意识训练	省内

汤池温泉春季养生节 2015 年 3 月 21—28 日，汤池温泉春季养生节活动开幕。活动由汤池镇人民政府主办，汤池温泉度假村承办，汤池卫生院协办。活动主题是温泉休闲游与养生。内容包括汤池温泉休闲游和汤池温泉体验，并组织医疗专家免费义诊。活动历时 8 天。

首届中国汤养生文化节——汤池甲鱼万人品尝活动 2015 年 10 月 17—19 日，由汤池镇人民政府主办，汤池甲鱼养殖协会、柒味集团承办的首届中国汤养生文化节开幕。文化节的主旨是“品汤池甲鱼汤，呈两汤养生魅”。活动安排万人品汤活动，向游客展示“两汤”养生文化（甲鱼汤饮食养生 + 玉女汤汤养生）。

温泉水产养殖

水浮莲与罗非鱼养殖 60 年代，地方群众利用温泉资源开展育秧、孵化等生产活

罗非鱼（2012 年） 李金 摄

甲鱼晒壳（2014 年） 李金 摄

动；利用温水养殖水浮莲，以作动物饲料。70 年代和 80 年代，是水浮莲养殖的繁盛时期；进入 90 年代，水浮莲养殖逐年减少。1980 年起，开始用温泉水养殖热带鱼，主要是引进罗非鱼，并形成规模化。

甲鱼养殖 1988 年，汤池地热水产实验站温室养殖甲鱼（中华鳖）试验成功。温室使甲鱼无冬眠期，常温生长，甲鱼苗长至成甲鱼时间由 4 年缩短至 1 年，养殖效益显著提高。进入 90 年代，甲鱼养殖在汤池地区迅速推开，成为优势产业，汤池甲鱼成为应城市重点发展的优势水产品。1992 年，汤池甲鱼养殖面积扩至 334 公顷，总产 175 万千克。1995 年，汤池地热水产实验站更名为汤池中华鳖养殖总场，实行繁养一体。实践中，摸索出甲鱼繁殖、苗种培育、成甲喂养一整套技术，形成“苗种温室培育，成甲常规池塘喂养”两段分养模式，甲鱼养殖规模不断扩大。1997 年，养殖温室 2.2 万平方米，热水井 5 口、发电机组 2 台（套），年产甲鱼 90 吨，固定资产 630 万元。汤池形成 334 公顷甲鱼养殖核心示范区，吸纳市内外养殖户 117 户。1998 年，特种水产养殖面积 33.33 公顷，主要以养甲鱼为主，年产商品甲鱼 20 万千克，创产值 2560 万元。

2004 年，汤池镇被湖北省农业厅认定为湖北省无公害农产品地。2005 年，“汤池中华鳖”获农业部“无公害农产品”称号，汤池镇成为湖北省甲鱼养殖第一镇。随后，以汤池为核心示范区，应城市建立 667 公顷甲鱼养殖板块，形成年产甲鱼 5000 多吨的养殖规模。2010 年，汤池中华鳖养殖总场被农业部评为“水产健康养殖示范场”。至 2014 年，甲鱼养殖面积已达 5400 亩、年产量 6000 吨，年产值超 2 亿元，占湖北省市场份额的 60%，汤池成为名副其实的“楚天甲鱼第一镇”。2015 年 11 月，汤池甲鱼被国家工商总局认定为国家地理标志保护产品。2016 年，打造“再生稻 + 甲鱼”套养模式，引进

汤池镇陶家湖鲜野稻鳖示范区（2016 年） 李鸿飞 摄

湖北鲜野生态农业有限公司，期建成基地 3000 亩，带动周边 100 多农户开展稻鳖和稻虾立体混养，混养面积达 5000 亩，推动现代生态农业、水产向纵深发展。

灵泉文化

汤池传说 汤池温泉有着深沉丰润的人文底蕴，孕育了美丽的汤池传说。汤池传说历史悠久，源远流长，在 3000 年前便以民间口头创作的形式广为流传，近 2000 年来，不断见之于古籍名著。

南朝宋文学家盛弘之撰著的《荆州记》中，描述了他在汤池俚间听到的玉女投泉的传说故事。

北魏时期的地理学家、文学家郦道元在《水经注》中讲述了一个关于道士与玉女汤的传说："道士清身沐浴，一日三饭，多少自在，四十日后，身中万疾愈，三虫死。"

80 年代初，中国民间艺术家协会湖北分会，在汤池举办全省文化干部民间文学培训班，两篇民间口头传说汤池故事，引起人们对汤池传说的关注。

2008 年，应城市组织专班深入汤池调查，将散落民间的各种传说故事整理成辑，形成完整的汤池传说，并将《汤池传说》作为非物质文化遗产，开展非遗保护申报工作。

《汤池传说》一共收录十篇与汤池有关的传说和故事，包括《玉女汤》《玉女温泉》《火龙的传说》《灵芝仙子》《荷花湖》《盐茶鸡蛋》《应城温泉为么事叫做“汤池”》《李白游汤池》《供祀玉女》《木梅台》。《汤池传说》融汇民间文学的各种特质，具有文学艺术价值。《汤池传说》流传几千年，沉淀了深厚的历史文化底蕴，蕴涵各历史时期经济、政治、文化、社会等诸多方面的信息，具有珍贵的历史研究价值。2011 年,《汤池传说》被列入湖北省第三批非物质文化遗产名录项目。

历代文人咏汤池 在清雍正《应城县志》中，记载着汤池温泉的成因和玉女造泉的传奇故事，以及歌颂玉女及汤池温泉的诗篇。李白游汤池，写下《安州应城玉女汤作》，首句即是“神女殁幽境，汤池流大川”。这首诗，开创了赞美汤池诗风的先河。明代的华清、陈士元，清代的齐以治、李维忠、万瑞旒等文人雅士，被汤池独特景致和民间传说所吸引，争相吟诗赞美汤池，由此形成以讴歌玉女汤为诗风的灵泉文化。

明代诗人华清、“一代著述之富”陈士元，分别在吟咏汤池的诗中，写有“玉泉煮阴火，喷薄骊龙珠……”“乘兴远寻丘壑胜，清秋此日浴温泉……”等佳句。清代应城知县齐国政、诗人李维忠游玉女温泉后，也分别有“骊山秦汉起离宫，洗天浴日意谁同”“神女归何许，灵泉日沸腾。……胜传太白句，天宝到今称”。这些吟咏汤池的诗词佳作，深厚的文化底蕴，形成以热爱和讴歌大自然为特色的灵泉文化。

应城市第一高级中学，师生研讨文学和发表交流文学作品的社团也称“灵泉文学社”，文学刊物取名《灵泉》。

湖北小延安

鄂中革命烈士纪念馆（2010 年） 李金 摄

1937 年 12 月，国民党政府湖北省建设厅在应城汤池创办农村合作委员会农村合作人员训练班，简称汤池训练班，中国共产党在此培养 600 多名抗日干部，建立中共鄂中特委，汤池亦被称为“湖北小延安”（《湖北日报》2005 年 8 月 20 日）。汤池训练班师生在鄂中特委的领导下，发展党员，建立基层党组织，发动群众，开展抗日运动。1949 年后，修缮旧址，办纪念馆，建爱国主义教育基地；县五七干校、县（市）委党校等教育机构也建于汤池。

创办历程

创办背景 1937 年七七事变爆发后，中国进入全国抗战阶段。9 月，中共中央代表董必武由延安到达武汉，开展抗日民族统一战线工作，恢复和发展湖北地区的共产党组织。11 月，董必武同爱国进步人士、国民党政府湖北省建设厅厅长兼农村合作事业委员会主任石瑛协商，决定以建设厅名义，在应城汤池开办湖北省建设厅农村合作委员会农村合作人员训练班。12 月初，周恩来、董必武与中共湖北省工作委员会研究决定，派省工委副书记陶铸作为中共代表，领导汤池训练班。利用训练班的合法名义，培养一批共产党的抗日干部，在农村发展中共党组织，为将来开展鄂中敌后抗日游击战做好准备。

开办过程 陶铸接受开办汤池训练班的任务后，着手筹备招生。在汉口民众乐园、六渡桥、汉阳钟家村、武昌阅马场、司门口等处，分别贴出招生广告，报名处设在武昌张之洞路的棉业改进所，招生对象为青年和流亡学生。同时，邓颖超在汉口华商总会礼堂向当地青年和流亡学生作“抗战形势、方针、政策与前途”的主题报告后，现场报名者极为踊跃。陶铸在八路军武汉办事处和武汉大学等处进行口试，第一批录取学员 60 余人。1937 年 12 月 17 日，陶铸带领汤池训练班首批学员，在汉口集家嘴码头乘小火轮离开武汉，经汉水入汈汊湖，抵天门的皂市镇，再转赴应城。18 日，到达汤池。20 日，汤池训练班第一期开班。

1937 年 12 月至 1938 年 5 月，汤池训练班共举办四期，加上 1938 年 4 月中旬至 1938 年 10 月开办的“汤池临时学校”，一共培训学员 600 余人。1937 年 12 月 20 日至 1938 年 1 月 20 日举办第一期，1938 年 1 月 20 日至 2 月 20 日举办第二期，1938 年 2 月下旬至 3 月下旬举办第三期。一、二、三期训练班在汤池举办，培训学员 200 余人。

1938 年 3 月底，沈德纯、李华带领汤池训练班第一期毕业的 6 名学员，以及第三期毕业的 20 多人，准备到鄂东、鄂北开展工作。到武昌后，发现所带人员与两地所需

训练班第一期学员到达后第一次教务会议旧址（2014 年） 李金 翻拍

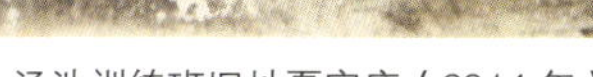

汤池训练班旧址夏家庙（2014 年）　　李金　翻拍

人数相差甚远，力量严重不足。在征得石瑛同意后，又在武汉市武昌区中正路（今解放路）120 号举办训练班第四期，吸收一批流亡学生和延安抗日军政大学、陕北公学毕业学生约 100 人，培训约一个月，通称汤池训练班第四期。汤池训练班第三期结业后，由于国民党政府的反对和特务机关的威胁，湖北省建设厅只得终止合作训练班之名，停发训练班经费，第三期结业后，汤池训练班被迫停办。

4 月初，陶铸与李范一利用余下的经费，以补习文化为名，继续在汤池开办临时学校。临时学校在应城、天门、京山、钟祥等县招收进步青年和高、初中学生。4 月中旬，临时学校开学。学校分为 3 个大队，一大队驻夏家庙，二大队驻九龙庙，三大队驻彭家祠堂，每大队常保持学员 80 余人，共训练学员 300 余人。

以汤池训练班为基础，1938 年 11 月，许子威、鲁尔英组建应城汤池抗日游击大队，后接受陶铸指挥。12 月，应城潘家集商民自卫队、陈家河湖区抗日游击大队、汤池抗日游击大队以及应城县政府保安队等几支抗日武装，在京山丁家冲汇集后，利用合法名义统一整编为应城县抗日游击队（简称“应抗”）。孙耀华（应城县县长）兼任司令，许子威任副司令，张文津任参谋长。“应抗”司令部成立后，在中共鄂中特委的领导下，为统一军令、扩大武装，部队进行第一次整编，统一编为 3 个大队。其中潘家集商民自卫队、汤池抗日游击大队、矿区北山工人游击队联合组成第二大队，由鲁尔英任大队长，蔡承祖任政治指导员，蔡松荣任副大队长，陈一震任副政治指导员，下辖四、五 2 个中队，共 140 余人枪。此次整编，为鄂中抗日武装的发展壮大奠定了基础。

教员与教学管理

教学要求与教员 汤池训练班内设训练委员会，李范一任主任，陶铸任教务主任（实际负责全面工作），杨显东负责联络和筹集经费，许子威负责总务工作，孙耀华负责招生、农贷工作。办学方针是政治教育为主，兼学军事技术；理论联系实际，辅以合作业务；发扬抗大精神，培养军政干部；捍卫民族独立，驱逐侵华日军。学员管理采用中国抗日军政大学模式，半军事化。教学方法以自学为主，教学为辅，集中讲课，分组讨论，学以致用。教学内容主要是党的建设、社会发展简史、抗日民族统一战线、抗日游击战的战略战术问题及农村合作社业务知识。其中，许子威讲授合作业务，刘顺元、陶铸讲授政治常识，刘季平、童世光、蔡承祖讲授政治经济学，沈德纯讲授统一战线，林镇南讲授自然科学，李寿慈讲授哲学，周钟岳、潘怡如授讲游击战术，陈辛仁讲授抗战文学。

主要教职员工（按姓氏笔画为序排列）：许子威、吕谨、刘季平、刘顺元、孙耀华、李平、李华、李铿、李苍江、李寿慈、李伯仁、李范一、李逊夫、杨显东、杜石公、吴师筑、余一梦、汪灏、沈德纯、陈辛仁、张烈、张寄江、林镇南、周钟岳、胡畏、胡文同、须浩风、段汉章、栗秀真、陶铸、钱用、黄松龄、景薪樵、曾志、童世光、雍文涛、蔡承祖、潘琪、潘怡如等。

链接：汤池训练班部分教员简介

李苍江（1899—1939），江苏省宜兴县人。1926年加入中国共产党。抗日战争时期，任《新华日报》编辑、汤池训练班教员、中共鄂豫地区党委机关报《七七报》主编。1939年12月在京山县马家冲突围中牺牲。

潘怡如（1881—1943），红安县人。1929年加入中国共产党。抗日战争时期，任汤池训练班教员、怡如学校校长、豫鄂边区人民代表大会驻会代表、豫鄂边区参议会参议员等职。1943年12月因病逝世。1944年3月，挚友董必武作挽诗《哭潘怡如》。

吴师筑（2016年）
李金　翻拍

吴师筑（1907—1943），汉川县人。1926年加入中国共产党。抗日战争时期，任汤池训练班教员、汤池临时学校训导主任、“应抗”总队政训处处长、豫鄂边区保安司令部政治部副主任、鄂南工作委员会副书记兼鄂南政务工作团主任。1943年2月16日，被国民党杀害于江西省修水县。

李平（1919—1943），松滋县人。1937年加入中国共产党。抗日战争时期，任陕甘宁边区法院干事、汤池训练班教员、远安县特别支部委员会书记、谷城县茨河棉纺织厂党组织负责人、豫鄂边区党校组织科科长、中共鄂皖地区委员会宣传部部长。1943年9月，牺牲于黄冈市涨渡湖。

沈德纯（2016年）
李金　翻拍

沈德纯（1902—1968），松滋县人。1927年加入中国共产党。抗日战争时期，任汤池临时学校教员、应城县膏盐矿区委员会宣传委员、鄂中特别委员会汉留工作委员会书记、京安应县委员会书记、豫鄂边区行署财政处处长等职。中华人民共和国成立后，任湖北省高级人民法院院长、最高人民法院办公厅主任、全国政协委员会文史资料委员会副主任。

黄松龄（1898—1972），湖南省华容县人。1925年加入中国共产党。抗日战争时期，任汤池训练班教员、中央财经部指导员、中央党务研究室财经组组长。解放战争时期，任北方大学财经学院院长、华北局监察院副院长等职。中华人民共和国成立后，任中共天津市委员会常委、宣传部部长、国家高教部第一副部长、中国人民大学副校长等职。

刘季平（1908—1987），江苏省如东县人。1927年2月加入中国共产党。抗日战争时期，任汤池训练班教员、苏中行政公署文教处处长、苏中第二专员公署专员、“抗大”第九分校校长等职。中华人民共和国成立后，任上海市人民政府副市长，中共山东省委员会书记处书记，安徽省委员会书记处书记，教育部副部长、代部长、常务副部长等职。

许子威（1908—1989），又名恒，字恺武。应城黄滩人。1927年加入中国共产党。1933年受国民党政府湖北省建设厅厅长李范一委托，回应城创建汤池改进实验区。先后兴办农场、碾米厂、榨油厂、织布厂等，以及小学、卫生所、商店等公益事业场所。经过几年的经营，改进区面貌大为改观。1937年12月，汤池合作人员训练班开学，负责训练班的总务工作。1938年10月，应城沦陷，与鲁尔英组织汤池抗日游击大队。1940年4月，鄂豫边区行政公署委员会成立，任行署主席。1949年后，历任中南军政委员会农林部副部长，荆江分洪工程副总指挥，中央农村工作部第一处处长，中共湖北省委委员，华中农学院院长、党委书记。

李寿慈（1914—1990），江苏省金坛人。1938年加入中国共产党。抗日战争时期，任汤池训练班学员、汤池临时学校教员、松枝宜战训班教导主任、南安澧中心县委员会书记等职。中华人民共和国成立后，任华东外贸局代局长、上海市海关关长、清华大学副校长、国家教委副主任等职。

潘琪（1917—1990），上海市人。1937年加入中国共产党。抗日战争时期，任汤池训练班学员、汤池临时学校教员、豫鄂边区抗敌工作委员会政治部宣传科科长、新四军第六支队宣传部部长等职。中华人民共和国成立后，任郑州铁路局政治部主任、中南军政委员会民政部副部长、交通部副部长、第六机械工业部副部长等职。

孙耀华骨灰安葬处（2004年）
彭波 摄

孙耀华（1909—1993），浙江省绍兴人。抗日战争时期，任汤池训练班委员会委员、应城县县长兼应城抗日游击队司令等职。中华人民共和国成立后，任中南军政委员会贸易部副部长、民建武汉市副主任委员、武汉市人民政府副市长、湖北省政协委员会第三届至第五届副主席。

刘顺元（1903—1996），山东省博兴县人。1931 年加入中国共产党。抗日战争时期，任汤池训练班教员、中共安徽省工作委员会书记、苏皖地区委员会书记、津浦路西区委员会书记、津浦路东区委员会书记等职。中华人民共和国成立后，任中共江苏省委员会副书记、常务书记、代理第一书记，中共中央纪律检查委员会副书记，中央顾问委员会委员等职。

童世光（1904—1996），汉川县人。1926 年 3 月加入中国共产党。抗日战争时期，任汤池临时学校校长、中共汤池特别支部委员会书记、中共鄂中地区特别委员会委员、天门区委员会书记、天汉中心县委员会书记、豫鄂边区行署天汉办事处主任、襄南军政联合办事处主任、新四军第五师司令部联络部部长。中华人民共和国成立后，任湖北省教育厅厅长、湖北省农学院院长、华中农学院副院长。

雍文涛（2016 年）

李金　翻拍

雍文涛（1912—1997），贵州省遵义人。1935 年 12 月加入中国共产党。抗日战争时期，任汤池临时学校教员、天汉地区委员会书记兼新四军豫鄂独立游击支队第四团队政治委员等职。中华人民共和国成立后，任林业部副部长、中宣部副部长、教育部副部长兼党组副书记、林业部部长兼党组书记。

《杨显东传》（2016 年）

李红春　摄

杨显东（1902—1998），仙桃人。1937 年年底，与陶铸等人筹办汤池训练班，任汤池训练班委员会委员。中华人民共和国成立后，任农业部副部长、中国科学技术协会副主席等职，是中国著名的棉花专家和农学家。

曾志（1911—1998），湖南省宜章县人。1926 年参加革命，同年加入中国共产党。抗日战争时期，任中共湖北省工作委员会妇女委员会书

记、汤池训练班教员、汤池特别支部委员会书记、荆（门）当（阳）远（安）中心县委员会书记等职。中华人民共和国成立后，任中共广州市委员会书记、中共中央组织部副部长、中央顾问委员会委员。建设鄂中革命烈士纪念馆时，曾志专门作出指示，记录好历史，以教育后人。

曾志（2016年）李金 翻拍

陈辛仁（1915—2005），广东省普宁县人。1937年12月加入中国共产党。抗日战争时期，任汤池训练班教员、新四军政治部敌工部科长、新四军第四支队第十四团政治处主任、新四军第二师政治部宣传部部长、新四军政治部宣传部部长等职。中华人民共和国成立后，任中共福建省委员会副书记、省人民政府副主席、中共江苏省委员会副书记等职。

顾大椿（1915—2007），江苏省南京市人。1936年加入中国共产党。抗日战争时期，任汤池训练班党小组组长、京山县委员会书记、中共鄂中地区委员会委员、随枣地区委员会书记、天汉地区委员会书记等职。中华人民共和国成立后，任中华全国总工会书记处书记、副主席，中共湖北省委员会书记，全总党组副书记、副主席等职。

刘慈恺（1918—2007），江苏省仪征县人。1936年加入中国共产党。抗日战争时期，任汤池训练班特别支部委员会委员、钟祥县委员会书记、京应县委员会书记、京山县委员会书记、豫鄂边区行署公安总局局长等职。中华人民共和国成立后，任吉林省人民政府副省长、中共吉林省委员会常委、吉林市委员会第一书记、长春市委员会第一书记、吉林省人大常委会副主任等职。

毕业证章（2014年） 彭波 摄

栗秀真（女，1915—2011），河南省沁阳县人。1939年2月加入中国共产党。抗日战争时期，任汤池临时学校教员、“应抗”医院院长、新四军豫鄂独立游击支队野战医院院长、新四军第五师卫生部部长等职。中华人民共和国成立后，任湖北省卫生厅厅长，国务院计划生育领导小组副组长、计划生育委员会副主任等职。

须浩风（1916—2013），江苏省无锡人。1938 年加入中国共产党。抗日战争时期，任汤池训练班学员、汤池临时学校教员、中共鄂中地区委员会组织部秘书、中共豫鄂边区委员会组织部组织科科长。中华人民共和国成立后，任湖北省总工会主席，长春第一汽车制造厂副厂长，国家标准总局副局长、党组副书记等职。

教学活动 1938 年 1 月 20 日，汤池训练班第一期结业，学员编为几个临时小组，分别到应城县所属的杨岭、田店、巡检司、长江埠、陈家河和城关等主要集镇实习。29 日、30 日，中共中央长江局机关报《新华日报》连续发表汤池训练班教员陈辛仁的文章《农村工作杂记——到“民间”去之前（一）（二）》，反映汤池训练班师生团结、紧张、严肃、活泼的学习和军训生活。文中谈到汤池训练班学习方法：“集中训练是采取报告、演讲和讨论的方法。大体分为理论、方法、军事三方面。理论方面，包括目前政治军事形势的分析，中国民族革命的性质，民族统一战线的诸问题，中国农村的性质和现状；方法方面，包括组织民众，宣传民众的诸问题；军事方面，注重游击战术的研究。”同时，汤池训练班校刊《农村合作》创刊，陈辛仁主编，陶铸题写刊名。

2 月 20 日，汤池训练班第二期学员毕业，第三期开班。学员中除中共湖北省临时委员会从武汉抗战常识研究班挑选的 20 多名学员外，还招收一批各地流亡大学生，本地知识青年，共 110 余人。

3 月 15 日，汤池训练班教员刘季平在武汉出版的《战时教育》旬刊上发表题为《一个新的乡村合作训练班》的通讯，介绍汤池训练班“不仅是一个合作社工作人员的训练中心，而且也是一个战时教育的实验场所”。中旬，中共湖北省临时委员会委员、青年运动工作部部长杨学诚同蔡承祖谈话，要求他到汤池开展鄂中青年工

汤池训练班校歌（2016 年） 李红春 摄

作。蔡承祖即赴汤池。国民党湖北省第三行政公署专员石毓灵、国民党立法委员卫挺生到汤池，察看汤池训练班的教学、劳动、实验情况。一天，国民党中统局局长徐恩曾等一行到汤池镇，经李范一巧妙周旋，未抓住训练班任何把柄，只好连夜返回。

4 月中旬，汤池临时学校开学，陶铸任校长（后为童世光），蔡承祖任副校长，须浩风任教务主任，李寿慈任总务主任。

6 月 15 日，陶铸为汤池临时学校学员题词："站在农村底哨岗上，为民族解放而战斗。"李范一、蔡承祖题词："为民前锋"和"我们今日是弦歌在一堂，明日要掀起民族自救的巨浪！"陶铸在汤池临时学校作报告，以生动的事例、强有力的证据，阐述日军是完全可以打败的，亡国论是站不住脚的。鼓励大家说，汤池临时学校与延安抗大是一样的，都是培养抗战人才的。10 月初，汤池临时学校被迫停办，教师与学员被迅速派往各地，准备开展敌后游击战争。

学员

学员名单 汤池训练班第一期部分学员：丁佩珩、马仲凡、王泽宏、王晓云、石维新、刘光前、刘慈恺、许明清、汤克湘、孙慰祖、孙惠堂、李铿、李传弢、李维新、杨善卿、杨德中、杨德能、杨德瑜、吴子义、吴云鹏、吴显忠、肖龙宝、肖松年、何奇伟、张炽、张镕、张开馥、张自兢、张宗渠、张经谋、张振亚、张谦光、张德生、陈力群、林镇南、周克光、郑速燕、庞俊、赵廼骥、赵隆骧、项宇澄、欧祖镒、胡旋、胡开迴、胡昌荣、胡特庸、侯斌彦、顾大椿、夏菲、聂之俊、徐玉、徐文同、翁盛光、唐振裘、郭纲忠、陶阳、程德鳞、甄陶坤、鲍瑞琴、熊辛。

汤池训练班第二期部分学员：王治平、冯玉亭、向德昙、刘行瑞、刘远东、刘述文、刘鄂轩、李钊、李之英、李必超、李寿慈、李昌裕、李鸿淑、杨萍、杨琦、苏薇、吴正林、肖明、何寿良、汪心一、张纯宜、张润萍、赵季、赵惟正、赵惟进、柳湜、姜泽如、骆何民、顾谦祥、浦通修、黄天华、奚望高、盛兰芳、鲁冰、鲁尔英、谢威、熊汇玲、熊汇荃、潘琪、魏逸生。

汤池训练班第三期部分学员：王还、王炎、王淇、王宇光、王采微、王采繁、王绍均、王庸吾、文振鑫、节蕴辉、田仿儒、田修仁、冯恭、卢明德、宁家魁、吕华、华中、江有为、纪闻一、朱粹、朱有绩、刘克理、刘道径、刘惠馨、许鸣南、许明球、毕光照、李子耘、李文志、李光和、李光旭、李时雨、李冠群、李微曦、李墨岗、杨伯业、杨显声、杨湘屏、吴有品、闵灿西、肖依黎、余秋阳、余梅青、邱序、邱绪京、宋萍、宋痕、宋增英、张式、张明、张烈、张一毫、张向良、张旭昌、陈平、陈幻萍、陈泽万、陈延熙、陈金楚、陈前绮、陈琳川、陈澍华、罗守增、季顺清、金问道、赵光弼、赵志诚、胡永萱、胡洪基、胡淑善、胡景璋、胡德姜、柳芬、钟道华、钟愚启、钟蕊安、段金声、姜云昌、姚锦芬、骆近丘、袁立、徐静、徐启祥、郭大猷、郭传凤、郭承先、唐克、唐应续、唐泽建、崔崇高、蒋厚庵、黄音贞、黄宽成、黄宽均、黄屈农、黄涛若、程令勋、舒赛、谢夏、谢文煊、谢秋兰、童世用、廖志、熊宗平、黎系芬、藏小实。

汤池临时学校部分学员：万鹏、万世雄、马振夏、王森、王子均、王介农、王汉成、王印权、书树生、艾士英、龙在天、史文明、冯贵、冯勤、冯一成、冯益民、吕谨、刘新、刘之庶、刘大海、刘学芬、刘社哲、许甲椿、阮山、孙子尊、孙步蟾、危秉杰、李鹏、李大明、李仁寿、李文汉、李文卿、李本固、李必祯、李志纯、李昌宗、李金生、李金锡、李泽清、李清高、李梅村、李善感、李源章、李影萍、李醒吾、吴志刚、吴天成、杨银甫、杨志章、杨秀春、杨昌炽、杨超群、杨瑞临、杨振东、杜援君、苏雨龙、何泽仁、汪干生、汪士杰、汪惟刚、张书生、张自然、张良怡、张树芬、张祖

训练班学员学习用的马灯（2014 年） 李金 摄

训练班学员穿过的草鞋（2014 年） 李金 摄

金、张振邦、张铭西、张素芬、陈健、陈方霖、陈泽昆、陈思治、陈瑞堂、陈维新、陆德、林涯萍、欧家辉、武文凤、周杰、周彬、周南、周书玉、周淑贞、周德培、金兆龙、郑本仁、郑庆德、胡冰、胡斌、胡文同、胡新文、胡静一、钟立箴、段焕章、祝明齐、祝朝平、贺雅庵、夏齐心、夏齐梅、顾顺元、贾兰、钱磨、徐正泰、徐步青、高非、唐田、郭纲瑜、陶春文、陶继明、黄云、黄重建、黄敬之、梅雪友、曹志坚、龚时谦、韩玉林、章智华、彭刚、彭永铣、韩光甸、董文德、景筱松、程林森、程远耕、傅肖悦、曾理华、曾纪瑜、童淑萍、谢桂林、褚玉洁、蔡松华、黎修杰、操瑞南、熊渗、熊庆璋、熊映炽。

学员党组织发展 1937年12月19日，汤池训练班第一期学员到达汤池的第二天，学员编队分组，顾大椿任队长，刘慈恺任副队长，辖5个小组。21日，汤池训练班学员党小组成立，顾大椿为组长，成员包括刘慈恺、夏菲和郑速燕。下旬，中共汤池训练班支部委员会成立，李华、曾志、雍文涛先后任支部委员会书记。

临时学校驻地（2014年） 李金 翻拍

1938年2月初，为加强鄂中各地党的工作，中共湖北临时省委决定在汤池建立中共鄂中特别支部，童世光、蔡承祖先后任特支书记。陶铸代表临时省委领导汤池训练班党支部和鄂中特支工作。随后，训练班学员顾大椿率谢威、郭钢钟、夏菲、许明清、石维新、李蔺田、刘行瑞、李金生、郭纲瑜、张书绅、陈远耕、林涯萍等10余人到达京山县，以合作事业指导员的身份开展工作；同时，中共京山县特别支部委员会成立，顾大椿任支部委员会书记。学员刘慈恺率黄涛若、袁立、李蕴辉、蒲通修、王慕曾等到达钟祥县，成立钟祥县农村合作事业办事处，着手恢复和重建中共基层组织；学员黄德钦、谭扶平、马仲凡等赴钟祥县，与由武汉党组织派来的吴云鹏、史维汉、王建桥会合，并与马伯功、彭刚、杜邦宪、周书玉等接上组织关系，恢复和重建钟祥中共基层组织。童世光率训练班学员到汉川县开展农村合作业务，成立汉川县农村合作组，童世光任组长。学员侯斌彦、赵隆骧、冯玉亭、胡太阳、陈力群等奉派大冶县，成立中共大冶县支部委员会，负责人侯斌彦。学员钱闻、侯斌彦等组织抗日救亡宣传队赴黄石港、石灰窑等矿区，恢复和重建中共基层组织。学员刘光前奉命回崇阳县，恢复和重建崇阳基层组织。至此，由汤池训练班师生发展的湖北省各地中共基层组织开始组建或重建。

4 月，训练班学员肖松年、王还、肖依黎、童世用、陈琳川、罗增守、陈泽万、杨显声等奉派至安陆县工作，成立中共安陆县书报合作社支部委员会，肖松年任支部委员会书记。中共鄂中中心县委员会成立，杨学诚任县委员会书记，辖应城、荆门、京山、钟祥、天门、安陆等县党支部。学员刘慈恺带领谭扶平、袁立、马仲凡、李蕴辉等到达钟祥县，恢复和建立钟祥各地中共基层组织。童世光派石维新到汉川县马口镇，开展抗日救亡活动和发展党组织；同时，中共马口镇支部委员会成立，石维新任支部委员会书记。雍文涛带领训练班学员刘惠馨、李微曦、余秋阳、张旭昌、郭大猷、谢文煊、陈延熙、闵灿西、李了耘、王煜、李墨刚、胡淑善、许明球等 39 人，赴鄂西鹤峰、宣恩、来凤、咸丰、利川、恩施、建始、巴东 8 县开展工作。学员郑速燕、吴显忠、王炎、唐振裘、张经谋、杨萍、江有为等奉派至荆门县南区，恢复和重建当地基层组织；同时，中共荆门县支部委员会成立，郑速燕任支部委员会书记。

5 月，童世光赴天门县，主持组建中共天门区委员会，曹志坚任区委员会书记。22 日，中共湖北省委员会成立，郭述申任省委员会书记。省委员会决定成立鄂东、鄂中、

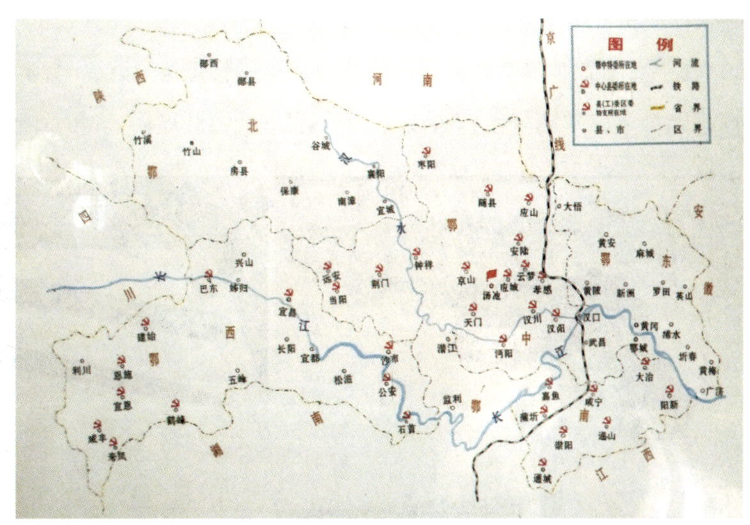

汤池训练班学员赴各地重建党组织示意图（2014 年）　　李金　摄

鄂南 3 个特别委员会和鄂西、鄂北两个中心县委员会。陶铸继续留在鄂中，帮助鄂中特别委员会工作。

6 月，中共鄂中特别委员会成立，刘青、何功伟、杨学诚先后任特别委员会书记，蔡承祖任组织部部长，顾大椿任宣传部部长，刘慈恺、雍文涛、童世光、邓先柱、陈秀山、郑速燕等为委员。训练班学员陈秀山、张寄江、吕谨、喻志仁、李力等回到随县，组建中共随县县工作委员会，陈秀山任县工作委员会书记，张寄江、喻志仁、吕谨等为委员。中共湖北省委员会派马识途、刘致远赴枣阳县，筹建中共枣北区委员会，马识途任区委员会书记，训练班学员高定一任组织委员。中共钟祥县委员会成立，刘慈恺任县委员会书记。

7 月，中共鄂中特别委员会以汤池为基地，深入应城县膏盐矿区发展党员，先后成立潘家集党小组、应城县矿区中心区委员会和巡检司、两河口、方家庙、长江埠、坝上等党支部。

10 月，中共湖北省委调李逊夫回松滋县，恢复与重建当地中共基层组织，李平协助工作。中共湖北省委派刘真、李平、史维汉到远安县，以办“农村合作事业办事处”合法身份，成立中共远安县特别支部委员会，李平任支部委员会书记。曾志、吴云鹏到荆门县，以军民合作大饭店为掩护，成立中共荆当远中心区委员会，曾志任区委员会书记。学员杨德裕通过襄阳县党组织，打入国民党第五战区游击总指挥部机要室工作。

学员抗日活动 从汤池训练班开办伊始，抗日活动就如火如荼地开展起来。1938 年 1 月，陈辛仁率汤池训练班学员顾大椿、胡旋、郭纲钟等组成抗日宣传队，赴京山县城关镇开展抗日救亡宣传活动。

2 月 1 日，中华全国戏剧界抗敌协会话剧移动第七队，与汤池训练班学员举行座谈。在座谈会上，陶铸表示：“如果武汉失陷，就要开展游击战争，还必须建立根据地，否

汤池训练班学员用枪（2014 年） 李金 摄

汤池训练班学员用刀（2014 年） 李金 摄

则就成了游击主义。”4日、5日《新华日报》发表陈辛仁文章，题为《农村宣传队——农村工作杂记之一》和续篇。文章主要反映汤池训练班师生下乡实习时宣传群众，发动群众，积极开展抗日救亡斗争的情形。2月，汤池训练班学员刘慈恺、吴显忠、聂之俊、汤克湘、汪毓琪等，分赴应城县城关、长江埠、巡检司、田店、陈家河等地，办理合作业务，开展抗日救亡宣传活动。学员汪心一率胡旋、赵季、肖松年、李必超等10余人到应城陈家河进行访贫问苦、发放贷款，创办《抗战》墙报，宣传抗日政策，动员民众抗日，并举办甲长训练班和妇女夜校，开展对封建帮会“汉留”的统战工作，为宣传和组织群众抗日，打下坚实基础。学员吴子仪、奚望高、张镕、王泽宏、欧阳其家等到阳新县，进行抗日宣传和发动群众工作。

4月，训练班学员曹志坚、周彬等到天门县干驿镇，一面办理合作业务，一面开展抗日救亡活动。5月初，陶铸带领训练班学员李寿慈、林镇南、张寄江、黄涛若等，从汤池出发，途经京山县、钟祥县，深入大洪山地区勘察，用3天时间，绘制出10多张军用地图，为开展敌后游击战争做准备。

7月中旬，张谦光组织应城县进步教师和汤池训练班学员胡旋、高非等10多人，成立抗日宣传队，张谦光任队长。抗日宣传队利用假期，在应城县潘集、巡检司、田店、长江埠、郎君、陈河、汤池等集镇巡回演出。汤池临时学校组织劝募队，到应城县城关镇西街，向住在该地的膏盐矿商资本家劝募抗日乐捐。

10月1日，杨学诚主持召开鄂中特别委员会紧急扩大会议。会议通过“一切服从游击战争的准备工作”的决议，加快鄂中敌后抗日武装准备的步伐。23日在应城县矿区，潘家集党小组以8条枪、13个人打出“应城县潘家集商民自卫队”旗帜，蔡斯烈（蔡松荣）任队长。自卫队在杨学诚率领下奔赴京山县丁家冲，树起应城县抗日大旗。10月，训练班学员孙慰祖、李惠兰、梅雪友、崔崇高、刘连仁等赴宜都县，开展合作社业务，成立湖北省松枝宜三县联合抗日动员委员会联合办事处，宣传抗日和发动群众。

应城八条枪（2014年） 李金 摄

学员分派 1937年12月至1938年10月，汤训练班和临时学校培养学员600多名，都成为抗日干部。其中，100多名学员分配到鄂中的应城、京山、天门、潜江、汉川、汉阳、荆门、钟祥、安陆、应山、随县11县；200多名分配到鄂西的恩施、巴东、建始、利川、咸丰、宣恩、来凤和鹤峰8县，鄂北的房县、均县、竹山、竹溪、保康、枣阳6县，鄂南的武昌、阳新、大冶、蒲圻4县，鄂东的黄冈和黄梅2县，襄西的远安和当阳2县，共33个县；300余人分配到陕北公学、延安“抗大”和鄂东七里坪等地；还有一部分到国民党西北军八十六师。

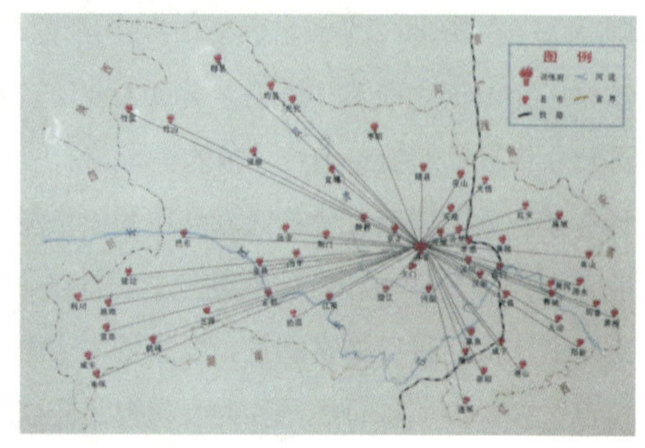

学员分派示意图（2014年） 李金 摄

学员烈士 从汤池训练班和临时学校走出的600余位学员中，近百人为国捐躯。

链接：汤池训练班部分牺牲学员简介

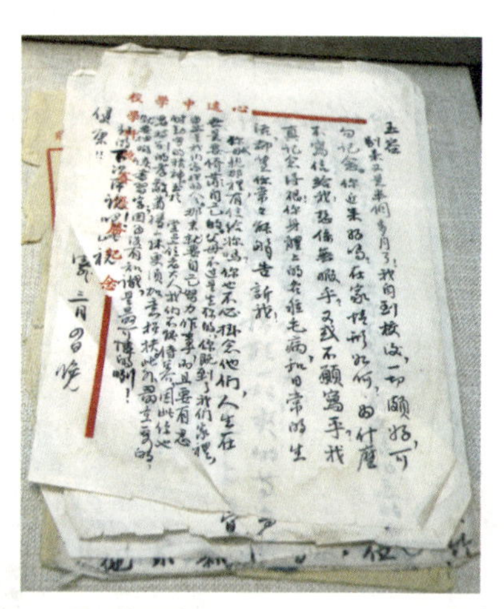

聂之俊写给妻子玉容的信（2014年） 李金 摄

聂之俊（1916—1939），江西省清江县人。1937年参加革命，1938年加入中国共产党。在汤池训练班学习后，到竹溪县开展工作，任竹溪县农村合作指导室主任。1939年1月22日，被国民党杀害于竹溪县。

张宜府（1916—1941），随州市人。“一二·九”运动后投身革命，1938年加入中国共产党。抗日战争时期，任中共随县工作委员会组织委员、代理书记，“应抗”第二支队第一大队副大队长。1941年春，在安陆县白兆山一带与国民党军作战牺牲。他善诗词歌赋，被称为“军中秀才”。在汤池训练班学习时，留有遗作《全民抗战争自由》。

刘惠馨（女，1914—1941），江苏省淮阴县人。1935年参加革命，1938年1月加入中国共产党。抗日战争时期，任中共宜都县委员会书记、施巴特别工作委员会委员兼妇女部部长、鄂西特别工作委员会委员兼妇女

任质斌题词（2014 年）　　李金　摄

部部长、恩施县委员会副书记。1940 年 9 月，她与马识途结为夫妻，为恢复重建鄂西各地党组织日夜奔波。1941 年 1 月，因叛徒告密而被捕，同年 11 月 17 日，被国民党反动派杀害于恩施。1966 年，马识途将这段革命经历写成小说《清江壮歌》出版。

刘光前（1914—1942），崇阳县人。1929 年参加革命，1930 年加入中国共产党。抗日战争时期，先后在七里坪训练班、汤池训练班学习，曾任黄冈县委员会秘书、云梦县第一区委员会指导员、鄂南中心县委员会宣传部部长、鄂南地区委员会宣传部部长、新四军豫鄂挺进纵队鄂南独立第五团政治处主任、崇阳县委员会书记。1942 年冬，他被叛徒杀害于崇阳县金沙镇。

田修云（1910—1944），田店镇田店村人。1938 年参加汤池训练班学习，结业后历任乡长、区长、应城县政府科长等职。他积极组织抗日儿童团和抗日十人团，打击土豪劣绅和汉奸特务。1944 年 3 月，因叛徒出卖牺牲。

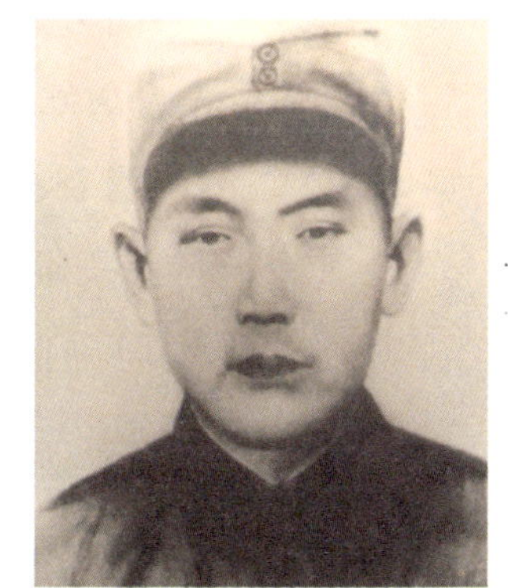

田修云画像（2016 年）
李金　摄

马仲凡（1910—1946），云南省腾冲县人。1936 年从缅甸回国参加革命，同年加入中国共产党。抗日战争时期，任汤池训练班学员、中共湖

北省委员会候补委员、新四军第五师第十五旅第四十五团政治处主任、第五师政治部秘书长、挺进报社社长等职。1946 年 11 月，他被国民党杀害于荆门县城郊高店。

许明清（1918—1946），浙江省平湖县人。1937 年参加革命，1938 年 4 月加入中国共产党。抗日战争时期，任中共应城县矿区委员会书记、应城县委员会组织部部长、汉孝陂县委员会书记兼县长、竹山县县长等职，被誉为“许青天”。1946 年 10 月，被国民党反动派杀害于竹山县。

张谦光（1908 — 1947），新洲县人。1937 年年底，受应城县政府派遣，以教育局督学身份进汤池农村合作人员训练班旁听，名是学员，实为监视。听课两周，深为共产党人抗日救国的献身精神所感动，毅然改变立场，走上抗日救国之路。1938 年 10 月，应城沦陷，张谦光公开声明脱离国民党，只身投奔中共鄂中特委领导的抗日队伍。年底，加入中国共产党。1939 年，代理应城县县长，后任中共应城县委员会书记兼县长。1946 年 9 月，任鄂西北区第一地委书记兼鄂西北军区第二军分区政委。1947 年 2 月，与国民党军作战牺牲。

吴云鹏（1916—1947），武汉市蔡甸区人。1937 年参加革命，同年加入中国共产党。抗日战争时期，任中共南宜保中心县委员会书记、襄南中心县委员会副书记、江陵县委员会书记、鄂西北地区委员会书记等职。1947 年 1 月，在均谷房（湖北省均县、谷城和房县）边的葫芦坝与国民党军作战牺牲。

吴天成（1920—1947），安陆县人。1938 年参加革命，同年加入中国共产党。在汤池受训后，任安陆县合作事业办事处指导员、安（陆）随（县）工作委员会委员、京（山）安（陆）抗日游击大队大队长、京安县委员会书记兼县指挥部政治委员、南（漳）远（安）县委员会书记等职。1947 年 2 月 24 日，他率部渡襄河时翻船牺牲。

佐联（1916—1947），应城县人。1938 年参加革命，同年加入中国共产党。抗日战争时期，任应城县第四区委员会组织委员、第四区区长、区委员会书记、县委员会委员、京安应云行动委员会政委等职。1947 年 9 月，被国民党应城县保安大队包围后牺牲。

曹志坚（1910—1948），天门县人。1938 年参加革命，同年加入中国共产党。抗日战争时期，任天门区委员会书记、天门县委员会书记、天门县行委会主席、天京潜县县长、天汉县委员会书记兼天汉县抗日总队政治委员。1948 年 10 月，被国民党杀害于郑州。

红色场馆

鄂中革命烈士纪念馆　1984 年，经湖北省人民政府批准，在汤池训练班旧址兴建鄂中革命烈士纪念馆。同年 10 月 31 日，国家主席李先念为纪念馆题词："汤池是发动鄂豫边区敌后抗日战争的战略支撑点之一，为民族解放事业作出了贡献。"

纪念馆（2014 年）　　彭波　摄

国家主席李先念为纪念馆题词（2014 年）

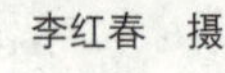

李红春　摄

纪念馆占地 26 亩，由陈列厅、烈士祠、烈士纪念碑、教室、陶铸和李范一旧居等建筑组成，是重要的爱国主义教育基地、革命传统教育基地、国防教育基地和廉政教育基地。1992 年，湖北省人民政府将鄂中革命烈士纪念馆列为全省重点文物保护单位，1999 年被命名为省级爱国主义教育基地，2010 年被命名为第二批爱国主义教育基地。

湖北省重点文物保护单位牌（1995 年）

彭波　摄

原纪念馆一角（2014 年）

李红春　摄

鄂中革命烈士纪念碑（正面）（2016 年）

李红春　摄

鄂中革命烈士纪念碑（背面）（2016 年）

李红春　摄

汤池训练班旧址和鄂中革命烈士纪念园　2015 年 10 月，应城市委、市政府投资 4000 多万元，建设集纪念碑、纪念馆、烈士墓区为一体的汤池训练班和鄂中革命烈士纪念园，2017 年 4 月建成。

烈士纪念碑高 19.37 米，象征从 1937 年起，陶铸主持的汤池训练班燃起鄂中抗日烽火。纪念碑正面碑文“鄂中革命烈士永垂不朽”。纪念碑背面碑文是陶铸于 1938 年送给汤池训练班学员的题词“站在农村底哨岗上为民族解放而战斗”。纪念碑腰身四面环绕汉白玉浮雕，上面记述应城人民点燃鄂中抗战烽火，反抗日本侵略者，夺取最后伟大胜利的革命斗争史。

纪念馆多功能展厅建筑面积 2489 平方米，实展面积 1326 平方米，分四个展厅。

纪念馆铜人像（2016 年）　李红春　摄

陶铸题词（2014 年）　李红春　摄

烈士墙（2016 年）　　李红春　摄

第一展厅，战略支撑点、汤池育英才。主要展示汤池训练班学习生活战斗史，内容有抗日救亡运动兴起、汤池训练班创办、鄂中敌后抗日游击战争的发动、汤池训练班及临时学校大事记。

第二展厅，烽火连天起、鄂中战旗红。主要展示鄂中抗战史，内容有武汉沦陷后鄂中面临局势、鄂中抗日民主根据地开辟、鄂中抗日民主根据地建设、夺取抗战最后胜利以及鄂中抗击日伪大事记。

第三展厅，英名垂万世、星光耀苍穹。主要展示鄂中及应城、汤池革命烈士事迹。

第四展厅，灵泉流大川、旧貌变新颜。主要展示应城市的风土人情，具体内容是中华人民共和国成立后，应城的改革与发展取得的巨大成就，呈现出政治开明、经济繁荣、文化发达、社会安定、生态良好、人民幸福的景象。

纪念活动

寻访旧迹　80 年代始，全国各地各界人士到汤池，开展各种纪念活动。

“四个基地”铭牌（2016 年） 李红春 摄

1982 年，中共应城县委在汤池召开应城党史座谈会，许子威、徐觉非、蔡承祖、汪心一、王家吉、赵季、胡旋、郑速燕等曾在应城工作和战斗过的老同志 20 多人，欢聚一堂，对应城的革命战斗历史进行回顾总结。

1985 年 4 月，中共湖北省顾问委员会代表团到应城县视察期间，专程前往汤池参观汤池训练班旧址和有关史料。

1988 年 10 月 25 日，为纪念汤池训练班创办 50 周年，中顾委委员、新四军第五师原代理政委任质斌，中顾委委员、中组部原副部长曾志，中顾委委员、原鄂中地委书记文敏生以及汤池训练班部分师生杨显东、刘慈凯、须浩风、何奇伟等一行 30 余人，在武汉参加座谈会后专程到应城汤池训练班旧址参观访问。

2011 年 9 月 17 日，由任弼时之女任远芳，余秋里之女余元元，贺炳炎之子贺雷生等 46 位革命家后代组成的“红色记忆”寻访团，到汤池鄂中革命烈士纪念馆参观，缅怀烈士。

2014 年 8 月 31 日，十二届全国人大常委会第十次会议经表决，以法律形式将 9 月

30日设立为中国烈士纪念日。2017年9月30日上午，应城市党政领导与社会各界代表到修葺一新的鄂中革命烈士纪念馆，举行大型纪念烈士活动。

2017年12月，由湖北新四军研究会、应城新四军研究会共同举办的纪念“汤池训练班”创办80周年座谈会在汤池召开。董必武之女董良翚、陶铸之女陶斯亮、杨显东之子杨元惺、王群之女王桦、李范一之孙李力参加活动。

电视剧发行许可证

剧目名称 长度 （集）

制作单位

合作单位

电视剧制作许可证编号

经审查，同意该剧在全国发行。发行前须在每集片首标明本发行许可证编号。

发证机关：

国家广播电影电视总局 印制

电视剧《陶铸在鄂中》发行许可证（2001年）

张颢　摄

纪念作品　1985年7月，中共应城县委党史资料征编办公室编辑出版《应城烽火》第二辑。收录顾大椿、刘慈恺等《鄂中抗日根据地的奠基者——深切怀念陶铸同志》，顾大椿《鄂中抗日游击战争的策源地——汤池》，李寿兹《随陶铸同志赴大洪山勘测地形》，夏菲、胡旋等《汤池训练班的片断回忆》，周杰《回忆汤池临时学校》等革命回忆录。

1993年，金正纯经过15年的艰辛创作，九易文稿，完成长篇纪实文学《陶铸在鄂中》。后由中国青年出版社出版，顾大椿（全国总工会常务副主席）写序言，姚锡华（光明日报社总编辑）题写书名。

1998年，湖南省对外影视中心到应城，要求合拍电视剧《陶铸在鄂中》。应城市非常重视，筹募资金30余万元，并获得省财政支持10万元。10月，由湖南潇湘电影制片

汤池镇各单位青年开展纪念活动（2016年）

李金　摄

纪念“汤池训练班”创办80周年座谈会（2017年）

李金　摄

厂拍摄完成四集电视剧《陶铸在鄂中》。2000 年 10 月，中央重视办（重大革命历史题材影视创作领导小组办公室）组长、中宣部文艺局局长李准签发批文，重视办字〔2000〕第 21 号，同意电视剧《陶铸在鄂中》在全国发行。

2017 年 12 月，应城市民政局编辑出版《红色的记忆》。以汤池训练班的战斗历程为主线，将万名矿工闹工潮、秘密培训、蔡斯烈与“应城八条枪”“应抗”打响鄂中抗日战争第一枪等抗战故事编辑成书，成为又一部应城爱国主义教育、革命传统教育、国防教育和廉政教育教材。

干校与党校

创办历程 为弘扬汤池训练班精神，1969 年 2 月，应城县革命委员会“五七”干校成立，总部设在汤池，承担干部教育培训工作。1973 年 2 月，县委党校也将培训基地设在汤池“五七”干校。1974 年 2 月，县委党校正式与“五七”干校合并，迁往汤池公社朱家台，实行“两块牌子、一套班子”管理体制。至此，县委党校在汤池稳定下来。

培训过程 为传承汤池训练班的传统，党校和干校培训方式是一边生产，一边学习。同时请老红军、老干部、老工人、老贫农作报告，进行忆苦思甜。共轮训、培训党员、干部 39 期，计 1.2 万多人次。其中，县委党校单独举办的党训班 11 期，干训班 14 期，培训党员干部 1449 人次。

学校变迁 1986 年 7 月，应城撤县建市，中共应城县委党校更名为中共应城市委党校。1989 年 1 月，应城市委党校整体搬迁，从汤池搬迁到中心城区东大街 33 号，至此，应城党校结束在汤池 15 年的历史，跨入新的发展阶段。

文化遗产

汤池皮影（2013 年） 彭波 摄

汤池历史悠久，孕育出灿烂的文化。汤池先后发现多处遗址遗迹，出土各个历史时期的文物。陶家湖古城遗址，是一处新石器时代大型古城遗址，整个鄂中、东部地区发现的唯一一处屈家岭早期文化遗存。汤池传说、汤池皮影，是汤池非物质文化遗产的代表。汤池当地艺人，在消化、吸收江汉平原皮影戏基础上，传承、改良、创新，衍生出具有浓郁地方特色的汤池皮影。

陶家湖古城遗址

考古发现 汤池镇域发现多处遗址遗迹。白水村郑家湾东西门前有一口千年古井，现井口覆盖土层 60 厘米；四龙河—黎河石桥，据传有千年历史，常年淹没水中，枯水时石桥露出，极具观赏和考古价值；方集村夏大湾现存一栋四合头土坯房，历经 200 余年。最为著名、历史最悠久的是陶家湖古城遗址，位于应城市城区以西 18 千米的四龙河与陶家湖交汇处，西距汤池镇 2.5 千米，南距汉宜公路 6.5 千米，属汤池镇方集村地域，海拔 40.9 ～ 44.2 米。

雍正《应城县志》载："古城，在县西南汤池团陶家湖。城址尚存，故老犹能指其处。但城名无考，不知何代置。"

1958 年，在修建四龙河水库时，发现并确定这里为新石器时代遗址；1979 年和 1981 年，孝感地区文物普查时，确定为新石器时代屈家岭文化至石家河文化时期遗址，面积 25 万平方米。

1998 年 12 月和 1999 年 3 月，湖北省考古研究所对该遗址进行两次调查、勘探，发现该地是一处新石器时代大型古城遗址。遗址东为自然古河道（四龙河故道）；北和西为河谷平原、三角湿地；中部台地为低岗。整个城址地貌环境宜人居住和有利从事农耕、畜牧。古城遗址南北长约 1000 米，东西最宽处约 850 米，整个古城遗址平面呈椭圆形，中心位置在北纬 30° 45′、东经 113° 21′，总面积 67 万平方米。古城垣为土筑城垣，高出地面 1 ~ 4 米，城垣外有壕沟环绕，其中古城垣西北保存最为完好，城垣、城门、壕沟建造雄伟，功能兼具。

古城址内有三处较大面积的台地，现代村落陶东湾、陶西湾坐落在城址南部台地上；窑大湾坐落在北部的台地上。其中，窑大湾台地最深达 6 米。台地的河沟断面 4 ~ 5 米深处有大量的红烧土和完整的陶器，器形有鼎、碗、圈足盘、豆、盆、瓮、红陶杯等。古城遗址大部分保存完好，古城址地下文化内涵丰富，文化层深处从屈家岭文化早期，逐层叠压，止于石家河文化中期。

古城价值 陶家湖古城遗址是长江中游江汉地区一处新石器时代的大型古城址，它毗邻京山屈家岭，位于屈家岭文化中心地区，是江汉地区有代表性的一处新石器时代的

陶家湖古城垣断面（2015 年） 李金 摄

文化遗址，是5000年历史文明象征之一。

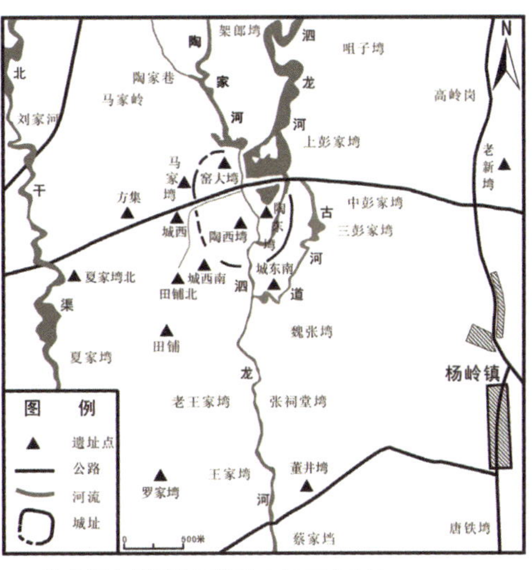

陶家湖古城遗址区位图（2017年制）

陶家湖古城遗址文化遗存分布广、面积大、堆积厚，文化内涵丰富，它的文化遗层涵盖从屈家岭文化早、中、晚期，到石家河文化早、中期，它对研究鄂中、东部地区屈家岭文化的文化内涵、文化面貌及其发展渊源关系具有较高的学术价值。

同时，陶家湖古城遗址地处鄂中丘陵地带，属江汉平原的北部边缘地区，是湖南、湖北地区发现的一座屈家岭文化时期的古城址，城址面积大，其大部分城垣、城壕保存较好，为研究两湖地区新石器时代古城址的出现、历史背景和其社会属性提供了新的重要资料。

出土文物 陶家湖蛋壳彩陶杯是应城历史文物中最古老的出土文物之一，距今约4500年。蛋壳彩陶杯形似喇叭，也称为喇叭杯，是一种盛水器。杯为橙红陶，斜弧壁，胎壁薄似蛋壳。杯壁厚仅0.2厘米；平底内凹；口径6.6厘米，高7.8厘米，底径3.9厘米。

蛋壳彩陶杯（2005年） 彭波 摄

遗址保护 1986年3月，陶家湖古城遗址公布为应城县第一批重点文物保护单位。1998年12月，湖北省考古研究所对该遗址进行保护性考古；1999年3月考古后，遗址被迅即回填，恢复地面原貌。2002年11月，被湖北省人民政府公布为第四批省级文物保护单位。2004年7月29日，应城市政府公布《陶家湖古城遗址保护范围及建设控制地带的通知》。2006年5月，被国务院公布为第六批全国重点文物保护单位。2016年起，应城市开始着手制定陶家湖古城遗址规划，并按照规划方案分步实施。2017年，湖北省人民政府公布陶家湖古城遗址的保护范围和建设控制地带。

陶家湖古城遗址标识（2016 年） 李红春 摄

陶家湖古城遗址的保护措施以人防为主。应城市博物馆组织专班定期和不定期巡查；同时，依靠当地村委会推选村民巡查。

开发利用 汤池镇以陶家湖古城遗址为核心，结合水库流域湿地公园的特色、生态系统的内在联系以及景观营造的现实需要，打造陶家湖田园综合体。将湿地公园分为入口管理服务区、湿地净化展示区、湿地风光游览区、生态保护林区、地域文化游览区和水上活动区。使四龙河水库流域湿地公园发展成综合水质净化、防洪蓄水、生态保护、休闲、旅游的湿地公园。综合体总规划面积 3000 亩，总投资 2 亿元，分三期建设。一期项目建成稻鳖混养基地 1000 亩，二期项目包括游客接待服务中心、甲鱼博物馆、农家乐、乡村民宿、亲子游乐园、汤池皮影文化传承基地和文体广场等基础设施。三期项目将对陶家湖古城遗址进行保护性开发，挖掘陶文化，建设陶家湖陶瓷博物馆、展览馆。

传说

收集整理 80 年代初，中国民间艺术家协会湖北分会由江云、韩致中等组织，在汤池召开全省文化干部民间文学培训班，参加培训的应城文化干部搜集和整理的两篇民间口头传说汤池故事，江云、韩致中等看后倍加赞赏，汤池故事被分别收录于《中国民间故事集成·湖北卷》、《湖北地名趣谈》、《孝感地区民间故事集》（中国民间文艺出版社）、《山川佳话》（长江文艺出版社）等专辑中，引起更多人对汤池传说的关注。

2008年，应城市文化部门组织专班深入汤池进行田野调查，将散落民间的各种传说故事整理成辑，形成完整的汤池传说。

非遗申报 2008年，应城市将《汤池传说》作为省级非物质文化遗产，开展非遗保护申报工作。

《汤池传说》共收录10篇与汤池有关的传说和故事。基本内容大致可分为：围绕汤池温泉的成因，从不同角度歌颂玉女为民造泉的恩德，如《玉女汤》《玉女温泉》《火龙的传说》；围绕汤池温泉的功用，从不同侧面表达温泉水长流人间的福祉，如《灵芝仙子》《荷花湖》《盐茶鸡蛋》；串联李白吟诗、宋玉引水灌田等历史典故，赋予汤池温泉悠远的人文魅力，如《应城温泉为么事叫做"汤池"》《李白游汤池》；赞颂汤池温泉因世外桃源的景致而令人神往，因玉女舍生取义而具备深厚的精神内质，如《供祀玉女》《木梅台》。

2011年，《汤池传说》被列入湖北省第三批非物质文化遗产名录项目。

重要价值 《汤池传说》价值丰硕。它融汇民间文学的多种特质，具有文学艺术价值。产生于民间，扎根于民间，流传于民间，服务于民间，符合大众的口味；故事原创作者不是一个人而是一群人，流传形式是口耳相传；与宋玉、李白等历史名人联系起来，实现人与仙、实与虚的大胆结合；语言风格朴素简练，表现劳动人民的欢乐与痛苦，是劳动人民思想、经验和智慧的浓缩。汤池玉女舍生取义、造福人间，是美丽与正义的化身，代表汤池人民所追求的善良智慧、勤劳勇敢、美丽质朴的个性与美德，直接反映人们对生活的态度、思想、感情和愿望，是中华民族传承几千年的道德准则和价值判断。《汤池传说》流传几千年，沉淀了深厚的历史文化底蕴，蕴涵各历史时期经济、政治、文化、社会等诸多方面的信息，具有珍贵的历史研究价值。

皮影

清朝起，由仙桃发源的皮影戏，开始在应城、京山、天门一带流传，发展到当代，传承着皮影戏精髓的汤池皮影，融合了绘画、雕刻等艺术形式，利用灯光、动画等手法，形成浓郁的地方文化特色。

分布区域 汤池皮影以应城市汤池镇方集村为核心，以夏想德等皮影艺人组建的方集皮影队为代表，活跃在应城、京山、天门、潜江、汉川等地，皮影艺术表演受到群众的欢迎与好评。皮影队多次参加应城民间文艺会演，新闻媒体多次报道，有一定的社会影响力。

基本内容

汤池皮影属江汉平原皮影戏，源于沔阳（今仙桃市）。

制作工艺 皮影道具制作最主要的材料是牛皮，根据剧情需要画上各种人物形象，

皮影戏《樊梨花》观影现场（2013 年） 彭波 摄

夏想德教喜爱皮影的大学生（2013 年）　彭波　摄

夏想德表演汤池皮影（2015 年）　彭波　摄

用雕刻刀刻制，锤打。然后用水彩、清漆上色，晾干。最后进行连接。因牛皮制作成本过高，现在的皮影道具多是塑料制品。

表演　以一张白色幕布为道具，在幕后以灯光照射，表演者站在幕后操纵事先按剧情雕刻并安装好的活动影人，把幕上的影子展现给幕前的观众。除表演者外，还有琴师和鼓乐师，伴着音乐锣鼓，表演者一边操纵影人，一边说唱故事。男女角色分别由男女演员演唱。在灯光的映照下，皮影色彩绚丽，配以音乐说唱和精彩的故事情节，如同小型的电影表演。

唱腔　天门花鼓腔与沔阳渔鼓腔相结合。保留着手抄曲谱。

剧目　以章回小说、传奇故事为主。保留《封神演义》《伍子胥》《孙庞演义》《秦始皇》《楚汉相争》《隋唐英雄传》《薛家将》《郭子仪》《徐公案》《施公案》《彭公案》等 30 多部皮影戏历史剧的手抄本。其中,《封神演义》一共 40 集，一集演唱一场，每场 180 分钟。所保留的剧本全部演唱下来共 1036 场。

唱词　使用方言土语，夹杂民间俗语、谚语、歇后语等，幽默诙谐，充满乡土气息和民俗风味，使观众有亲切感。

主要特色

工艺特色　汤池皮影的制作融合绘画、雕刻等多种艺术，选料、雕刻、上色各具特色，图案精细，造型逼真，色彩绚丽，具有独特的艺术风格。

文艺特色　汤池皮影保留着民间说书的痕迹，无论是剧本、唱腔，表现的都是楚风、楚韵，是一种独特的民间戏曲艺术形式。

民俗特色　汤池皮影表现的是民间口头文学、地方戏曲表演，方言俚语融汇成典型、生动活泼的地方民俗风情。为民俗研究提供了重要资料。

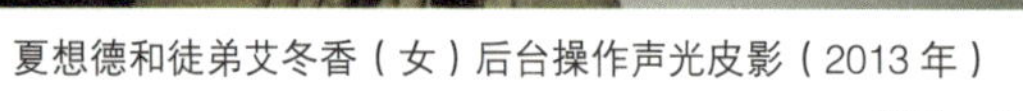

夏想德和徒弟艾冬香（女）后台操作声光皮影（2013 年）

彭波 摄

师徒现场授课传艺（2013 年）

彭波 摄

皮影传承 代表性传承人。夏想德，出生于 1942 年 10 月，家住应城市汤池镇方集村。1959 年初中毕业，考进天门曲艺工作团皮影队，拜家叔夏炳肇团长为师。

1964 年，夏想德被天门曲艺工作团派到武汉民众乐园学习光电皮影，回到天门后创办光电皮影。

1966 年，到应城皮影队工作。1978 年，夏想德召集皮影民间艺人，成立方集皮影队，活跃于民间。

1980 年，参加应城县文化局民间文艺调演，获一等奖，由县文化局颁发民间艺人演出证，并代表应城参加孝感地区民间文艺调演。

2014 年，夏想德被评为应城市优秀民间艺人。

2017 年，夏想德被评为孝感市级非物质文化遗产代表性传承人。

传承谱系：

第一代：谢大兴，男，1882 年生，已故。沔阳（仙桃）三伏潭人。

第二代：夏华清，男，1901 年生，1985 年过世。

第三代：夏炳肇，男，1932 年生。

第四代：夏想德，男，1942 年生。

王章美，男，1941 年生。

丁晓年，男，1940 年生。

第五代：陶培元，男，1954 年生。

孩子们观看皮影戏（2013 年）

彭波 摄

群众观看皮影戏（2013 年） 彭波 摄

董清生，男，1953 年生。

艾冬香，女，1956 年生。

陈菊安，女，1958 年生。

田长清，男，1966 年生。

传承保护。2014 年，应城市人民政府发文，将汤池皮影列入第三批应城市级非物质文化遗产保护名录，夏想德被列为第二批非物质文化遗产代表性传承人。同年，应城市文化部门举办第二届“一镇一品”民间文艺会演，汤池皮影参加演出活动，博得市民好评和欢迎。应城市委宣传部加大对汤池皮影的宣传工作。通过报纸、网站、电视新闻，宣传扩大社会影响。2015 年，汤池皮影被列入孝感市级第四批非物质文化遗产保护名录。2017 年，夏想德被列为孝感市级非物质文化遗产代表性传承人。

汤池温泉雪景（2012 年）　彭波　摄

风俗民情

群众腰鼓表演（2013 年）　　彭波　摄

汤池位于四县市交界处，群众生活习俗受多种因素影响，兼具四县市特点，又有独立特性。语音习惯主要偏向于天门皂市、京山曹武和应城杨岭。风俗特点受应城影响较大，整体上也兼备天门风俗特点。

美食

汤池地处应城西部，与周边县市往来密切，饮食文化融合性强，人们在长期生活中积累并创造出多种传统名菜和特色小吃，并随时代发展而不断改良。一些传统的农家风味，一直保留并发扬，深受人们喜爱。

传统名菜

篾笼双蒸（2015 年）　　李金　摄

清蒸甲鱼（2015 年）　　李金　摄

篾笼双蒸　取 1 千克左右五花肉或坐刀肉，切成 1 厘米厚、10 厘米长、5 ～ 6 厘米宽的肉块，先用食盐、酱油、生姜末、少许味精或鸡精粉搅拌均匀，放置半小时许，使肉块入味；用本地茼蒿菜，或者加一些小白菜，稍微切几下，加少许食盐、米粉拌匀，放入篾蒸笼中大火蒸 5 分钟，使拱起的蔬菜在笼中平复后，将块肉用生粉拌匀，平铺在蔬菜上面，加盖蒸 1 小时即可。蒸出来的肉肥而不腻，纯香入味；肉下面的蒸菜滑润可口，回味无穷。

清蒸甲鱼　选 750 克左右的汤池特产活甲鱼 1 只，将其斩头，净血，放入盛水锅中，加热至 60℃～ 70℃取出，刮去甲鱼身上的黑皮，沿背甲四周划开裙皮，揭去背壳，掏出内脏及腹腔黄油，剁去尾巴、脚爪，再用清水洗净，切成 1 寸见方条块状，漂净血污，捞出滤水待用。先将蒜瓣、生姜放入碗中，将甲鱼块用淀粉拌匀，适当走油后，放在碗里，也可以不走油直接放入碗中，然后加适量清水、食盐，周围摆好甲鱼裙边、甲鱼蛋，将葱盖在上面，上屉蒸 40 分钟左右，取出后加少许绍酒、胡椒粉、醋即可食用。清蒸甲鱼具有肉质软烂，汤汁清澈，滋味鲜美的特点，是筵宴的一道上等菜肴。喝汤池甲鱼汤，是在汤池食养的首选。

土鸡煨萝卜　取 1 千克左右的土鸡，杀死滤血、扒毛洗净后，剁成一寸见方的鸡块备用。用本地出产的鸭蛋大小的红萝卜剥根去叶洗净后一分为四。生姜切片。锅中放少许油，加热，将鸡块和生姜片倒入锅中翻炒，炒至鸡块变色后，加入萝卜块一并翻炒 1 ～ 2 分钟，放少许食盐和清水，煮至水沸腾时，将鸡块和萝卜块一并盛入陶罐，放入柴火灶中微火煨炖，陶罐周围加适当粗稻壳，以延长加热时间。煨至 2 ～ 3 小时即可取出食用。随着燃气灶取代柴火灶后，改用紫砂锅煨炖。煨炖出来的鸡汤呈黄色，汤汁鲜美，鸡肉软烂，萝卜鲜甜味纯。

家常煮鱼　取活草鱼或白鲢鱼 500 克左右整条或半边，鱼剥鳞片、去内脏后放入油锅煎炕，待煎炕至鱼双面焦黄时，加入适量酱油、生姜片、蒜瓣、精盐、水辣椒和清水炖煮，随后，将萝卜切成丝，放在鱼锅中一并炖煮，约 10 分钟左右，鱼和萝卜均煮熟后，再放入少许大蒜、葱以及醋，稍煮即可起锅食用。家常煮鱼，鱼肉鲜嫩，汤味酸甜，清美爽口。

特色小吃

水汽包子 水汽包子略比拳头大一点，内馅种类很多，如牛肉馅、粉条馅、萝卜馅或猪肉馅，待包子蒸至8分熟后，少油中火，放入平底锅慢慢煎，包子两面金黄色方能出锅，吃起来外酥里嫩，内馅荤素搭配，口感不腻。

水汽包子（2016年） 李金 摄

扁担锅块 将生猪网油切成颗粒状，香葱洗净切成细葱花，一起放入钵内，加上精盐、胡椒粉、味精拌成馅芯待用。把食用油倒入炒锅加热至180℃左右，放入适量面粉，炒拌均匀，搓成干油酥。选适量发酵后的面团放在案板上，用手掌将其压成片状，将干油酥和葱花粒涂撒在面片上，卷成圆状后复压扁，用刀切成长约15厘米、宽约8厘米的块状，涂上豆瓣酱或红辣椒汁，撒上芝麻，贴入桶炉内壁，封住炉口，用微火烘烤8～10分钟，即可取出食用。锅块周围面肉丰厚，既有酱香，又有辣味，口感舒适。由于其外形像扁担，俗称扁担锅块。

扁担锅块（2016年） 李金 摄

金刚脐 将小麦面团搓揉至月饼大小，饼面呈六角齿轮状，中间凹陷有似肚脐的特征，又因六个角张得很开，形似兽爪，故称金刚脐。将面团用桶炉以微火烤制而成，有甜、咸两种（甜为淡黄色，面中放有糖；咸为黄白色，面中放有盐）。金刚脐焦脆香甜，尤为小孩青睐。

虾馓 用精面粉加适量盐水揉搓成细条，经油炸制而成，形状多是虾状，故称虾馓。它色泽金黄，松酥香脆，滋美可口。每逢端午节，汤池人历有炸食虾馓的习俗，甚至把它作为礼品相互赠送。

月半粑 每逢元宵节，汤池人喜爱做月半粑。由于是正月十五日，粑名故含月半二字。做月半粑的主料是米粉。将大米浸泡后碾成粉，干炒到八分熟，加清水搅拌成面团，随后将面团摊手掌中压平，加入事先准备好的各种馅后，像包子一样包裹起来。月半粑的馅有多种食材，如萝卜、地菜、芹菜、韭菜、豆干、卤制好的腊猪肉皮等，辅以少量大蒜、生姜等。馅料要剁细、炒熟。月半粑包好后，先将锅底放少许水，沿锅边四周淋一圈食油，待锅烧至冒热气时，将月半粑码在锅内周围，盖上锅盖，用小火蒸炕。烤至焦黄时，用锅铲将粑子铲起。粑子底黄肉白，焦香甘甜。蒸熟的月半粑除了当天吃，剩下的用竹篮装着吊起来，以后每餐做饭时，取几个放进灶膛内，用余火焖着，过一会夹出，粑子周身产生一层淡黄色的壳子，吃起来别有一番情趣。月半粑还可当作馈送左邻右舍、亲朋好友的礼品。

猪油饼 将生猪网油切成颗粒状，香葱洗净切成细葱花，一起盛在钵内，加入精盐、胡椒粉、味精拌匀成馅芯待用。把食油入炒锅加热到 180℃左右，放入面粉 750 克，炒拌均匀，搓好干油酥。将剩余面粉置案板上，在中间开成小窝，先用开水烫后，和匀，再加入 30℃的温水，放碱后揉匀成面团，饧 10 分钟左右。把饧好的面团，揉成长条下剂，先推大酥再推小酥，然后再包馅成形，擀成直径约 8 ~ 9 厘米的饼胚，逐一用刀打斜口后，点上芝麻，贴入桶炉（炉温 90℃左右为宜），封住炉口，用微火烘烤 8 ~ 10 分钟，出炉即成。猪油饼子花形美观，酥香可口。

农家风味

农家豆皮 主要原料为大米，辅以少量黄豆、绿豆或小麦等杂粮。先将大米和杂粮浸泡，待大米泡至在指头上一捻变成粉末即可，黄豆、绿豆泡得发软为宜。将泡好的大米和杂粮淘洗干净，除掉浮沫，加适量清水，用石磨碾成浆。若想豆皮筋道，可在米浆里加入适量小麦面粉。拌好的米浆用小盆装盛放在锅台上，把锅烧热，用少许食油将锅擦拭，然后用河蚌壳从米浆盆中舀出大半勺米浆，沿着锅边旋转一周，使米浆在锅中分布均匀，待豆皮在锅沿边微微翘起时，掌壳人即刻将整张豆皮揭起，放在筲箕背面，由帮厨人端出，平铺在竹簸箕里。凉好后，将豆皮卷成筒，用刀切成丝，放在大簸箕里，搬到太阳底下晒干。将晒干的豆丝盛放起来，可煮着吃或用水浸泡后炒着吃。在塌豆皮的时候，也可在豆皮上加些许大蒜、豆芽等，用食油煎炕至豆皮焦黄，然后卷成筒起锅，或自家食用，或送给左邻右舍尝鲜。

麦芽麻糖 主要原料是大米、大麦芽。一般 5 千克大米配 500 克麦芽。先将剔皮的大麦浸泡，用器皿装盛起来，并将器皿用稻草包裹，以保证发芽的温度，然后经常浇水。待白芽和根须长到一两寸长时，即可留用。大米也同样浸泡，泡到手能轻轻碾碎即可。泡好后的大米和麦芽拌在一起磨成浆水。再将浆水放入锅内用大火煮成糊状后停火，一小时后，直到锅内有黄糖水，则将糖水过滤。过滤时，用粗糙一些的棉布（亦称摇包）将糖水包起来，系在摇架上不停地摇动、挤压，去掉干渣。再将过滤后的糖水放入锅内烧制。随着温度不断地提高，糖水慢慢地黏稠起来。这时，需用炒板不停地翻炒，待糖水渐渐地变成黄亮的一团团糖须后，麻糖就熬成了。此外，在汤池还有扯麻糖的习惯。熬制好的麻糖盛入容器内凉好，第二天，将扯麻糖的工具——搭板固定在墙上或者木梯上（搭板是一块木板，上有一孔，用以衔接搭板和支架，下有一木桩，用以固定麻糖）。将容器内的麻糖取出穿在搭板的小木桩上，然后用一根约 20 厘米长的木棒挂住麻糖，慢慢来回扯拉。如果麻糖分量较多，可以两个人同时扯拉。经过不停地扯拉后，麻糖慢慢变白，也有韧性。由于扯好后的麻糖有黏性，则需将其敲成一小块一小块，放在事先盛有炒米或面粉的容器内。

炒米麻糕　制作的主要原料是麻糖、炒米和芝麻。先将糯米浸泡洗净，用木甑蒸熟，放阴凉通风处晾着，用手将糯米搓散成粒，然后用大簸箕摊开放在太阳底下晒干。晒干的熟糯米称之为阴米。抓一把阴米和洗净的少许黄沙一并倒入锅内翻炒，并用小竹筛不停地舀起炒熟的阴米，筛动竹筛，筛中的沙回到锅里，炒熟的阴米倒入竹簸箕或箩箕内。凉一些后，再将阴米放在锅中炒，如此往复。炒熟的阴米称之为炒米。将麻糖放入锅内，加热融化成浆，再将炒米和少许芝麻倒入，不停搅拌，待完全融合后，用木铲盛起来，放在干净的木板上，用木条将大团的未成形的麻糕压平整，并隔离成条状。麻糖尚未完全冷却时，再切割成小块，即为粆米麻糕。其大小、厚度可根据自己的喜好自由选择。还可以搓成小团。切成片的麻糕一层一层地码好，堆在事先放有炒米的坛子里，每码一层麻糕用少许炒米隔离，离坛口将近时，用炒米封闭好麻糕，盖上坛盖，随食随取。

陶家湖生态大米（2016 年）　　李金　摄

糯米糍粑 主要原料是糯米。将糯米浸泡24小时之后，淘洗干净，用木甑蒸熟。蒸熟后的糯米倒进石槽里，然后两个人用木棒在石槽里反复捣饬。在汤池的方言里，打糍粑也称之揣糍粑。案板上抹少许食用油或面粉，防止糯米坨粘连。经过反复捣鼓、拉扯，熟糯米被捣成泥状后，一坨一坨地取出，摊在案板上。将糯米坨碾压成块，用刀切成若干个方块和条状，用水泡起来，随食随取。要吃的时候，将糍粑块改刀变小，用食用油在锅中煎软变黄，盛起后加少许白糖，吃起来香软可口；也可以切成小颗粒和豆皮一起煮着吃。

生活习俗

随着社会的不断发展，人民的生活方式不断变化。80年代起，汤池镇居民衣着服饰更新快，档次逐年提高；饮食丰富，追求健康饮食；住行条件不断改善。

服饰

衣着 50年代大部分中老年男性着开襟便衣，中青年则着中山服、工人服、青年服、衬衫、大衣居多；女性以开襟布褂和制服长裤取代便衣便裤。夏天普遍穿衬衫，冬天穿短棉袄和长、短大衣。60年代初，以灯芯绒、回绒、金丝绒等为面料的童装逐渐流行。

1966—1976年，公职人员一般穿着深灰色或藏青色中山服，男女青年则时兴草绿色军装。

1978年以后，衣着款式翻新。男性有西服、夹克、运动衫，直筒裤、喇叭裤、牛仔裤。中青年女性，尤其是青年妇女，衣着款式日趋新颖，布料花色崇尚艳丽。幼儿园、小学、中学的儿童学生，除着统一款式的校服外，还有小运动员、小乐队员制服。平时衣着，颜色鲜艳，款式繁多。

90年代，西服、夹克衫普及，中山服淡出，休闲装逐渐流行。女性青睐踩脚裤、紧

汤池西街一角（2012 年）　　彭波　摄

身裤。男女 T 恤衫、文化衫风行。童装，春秋流行套装，夏装有短袖短裤、连衣裙、套裙等；冬装有抱裙、斗篷、大衣、毛裤、羽绒服、棉服等。学生以校服为主。

21 世纪初，男士服装以夹克、休闲装为主打服饰，西服一般在正式社交场合穿着。女士着装时兴混搭，有的裙、裤混穿，有的内长外短，花色搭配追求时尚。

鞋　50 年代逐步流行解放鞋、球鞋、力士鞋、塑料鞋。雨天穿的泥鞋、木屐被雨靴取代。80 年代，皮鞋逐步普及，青年女性多穿高跟皮鞋和长筒皮靴。21 世纪初，主要有皮鞋、布鞋、凉鞋、拖鞋、休闲鞋、运动鞋等。学生以球鞋、运动鞋为主。

帽　50 年代，男子多戴解放帽、工人帽。女子平时一般不戴帽。冬季外出时，老年妇女多以方巾蒙头，后改为戴绒线帽。青年女子冬季则多用纱巾或织绒线围巾裹头。80 年代，青年男女中旅游帽颇为流行。儿童仍多戴绒线帽、海军帽、大沿鸭嘴帽等。90 年代以后，风衣和衣帽组合服装流行。

饰品　50 年代，各种金银饰品极为罕见。80 年代以后，男女青年戴手表、墨镜、太阳镜等。青年女子多喜戴花束、发卡、项链、戒指、耳环等。90 年代，女性流行戴发卡、布花、塑料花等头饰。儿童戴长命锁、生肖饰品、银项圈、玉坠等。21 世纪初，男女饰品档次提升，品牌流行。男士有围巾、领带、提包、挎包等，少数男士戴金戒指、项链。女士头巾、围巾、手套、胸花、太阳镜、手提包、双肩包、腰带、手机饰品、钥匙饰品等不断推陈出新。

饮食

饮品 主要有各种酒品、饮料。50年代，民众喜饮当地糟坊以高粱、小麦、荞麦和稻谷为原料而酿制的散装白酒。70年代始，外地瓶装白酒、啤酒和葡萄酒逐渐进入汤池。饮料主要有汽水、可乐、果汁、乳品、酸梅汤、豆浆和豆奶等。80年代始，喝茶逐步流行，茶叶品种有绿茶、红茶和砖茶等。90年代以后，家庭经济条件好的喜爱喝品牌酒、牛奶、奶茶和咖啡等，桶装纯净水逐步代替河水和井水。

主食 主要以米饭为主，面食为辅。副食有豆皮、炒米、糍粑、汤圆、米酒、羹粑、阴米、熟米粉等米制品，面条、油粑、面疙瘩、面包等麦类制品，蚕豆、豌豆、花生、瓜子等坚果，西瓜、桃子、梨子、葡萄、柑橘、香蕉、苹果等瓜果，红薯、玉米等杂粮。

菜肴 主要有辣椒、瓜类、茄子、番茄、土豆、豆类、洋葱、马齿苋、白菜、包菜、竹叶菜、苋菜、芹菜、花菜、菠菜、韭菜、大蒜（蒜苗）、莴苣、红白萝卜、胡萝卜、香菜、茼蒿、泥蒿、豆芽、莲藕、芋头、蘑菇等蔬菜类，随着人民生活水平的提高，人们喜爱将豌豆、红薯的苗尖掐下来做菜肴。荤腥类有猪肉、牛肉、羊肉、狗肉、鸡鸭肉、鸡鸭蛋、鹌鹑蛋及各种淡水鱼，间或也食用海参、带鱼等海产品。豆类及其制品常见。90年代起，反季节蔬菜增多，一年四季有时鲜蔬菜。21世纪，推崇素食，少吃大荤，各种野菜重归餐桌。汤池人习惯制腌菜、泡菜、腐乳和腊肉、腊鱼、腊香肠等腌制品。

就餐习惯 一日三餐。农忙时节，三餐皆为主餐；农闲时节，以早、晚餐为主。主餐主食大米，辅以菜蔬，荤素兼备；辅餐，有面食、豆皮、汤圆、炒米、熟米粉等。随着物质条件的改善，集镇居民早餐到早点摊上现买现吃，通称过早。早点有油条、锅块、油饼、馒头、花卷、面窝、包子、豆皮、米粉、面条、热干面等，兼有米酒、豆奶、牛奶、豆浆、排骨汤、鸡汤、猪肝汤、财鱼汤、鳝鱼汤、心肺汤、牛杂汤及咸菜、卤菜、炸（炒）花生米及蚕豆等。90年代，时兴上街喝早酒和消夜，边吃边喝边聊天。

筵宴 凡婚丧嫁娶、寿诞营造、升学入伍等宴请，必备办筵席。菜肴食料以鸡鸭鱼肉为主，烹饪方法以蒸炖为主，炒炸为辅，菜肴规格有四冷碟加八大碗或十大碗，有的增加到十二至十六碗。农村居民请厨师在家置办宴席。90年代后，酒宴家政服务兴起，由家政服务团队提供一条龙专业服务，集镇居民操办宴席，或请家政服务，或

方集村民居（2016 年） 李金 摄

街口交通线路指示牌（2016年） 李金 摄

到酒店置办。

住房 1949 年前后，民房多撮渣垒墙，硬山上顶，支以椽角檩条，盖布瓦或茅草，房屋矮塌而简陋。普通农户，多为砖木结构的一合头；富户则为三合头或四合头。1978 年后，农村开始出现砖木混凝土结构房屋。80 年代末至 90 年代中期，农村住房由土木瓦房、砖木结构平房逐步改为砖瓦预制板楼房。房屋为主附结构，主房屋住人，附属房屋有厨房、库房等。90 年代末，推进城镇化建设，农村时兴建砖混结构楼房。2016 年，集镇及农村大部分为砖混结构的平房和楼房，砖瓦房极少。

出行 50 年代，人们长途外出，皆乘汽车和火车，短途仍以步行为主。70 年代，自行车兴起。80 年代始，摩托车逐步进入农家。90 年代，两轮摩托车在农村流行，少数家庭购有三轮摩托车，人货兼运。2000 年后，集镇居民骑行电动车，但偏离集镇的农村，仍以摩托车作为主要代步工具。21 世纪初，轿车开始进入农村家庭。

2000 年以前，人们外出主要是工作、学习、走亲访友；此后，外出旅游、务工逐渐增多。

用具

农耕用具 农具的种类很多，常用的有犁、耙、耖子、铲子、镰刀、锄头、铁锹、镢头、洋镐、榔头、秧马、推草耙、扬叉、薅锄、水车、板车、风谷车、石滚、扁担、冲担、挑桶、粪筐等。60 年代及以前，耕地主要用牛拉犁，或用驴拉。70 年代，开始机械耕田。90 年代以后，随着农业机械化的推广，大量用具渐次淡出。

生活器皿 50 年代，生活器皿主要是木制家具和陶瓷制品。70 年代，塑料及铝制品器皿逐渐增多，各种钟表、收音机、缝纫机、热水瓶开始普及。80 年代，家具样式繁多，档次提升。有绷子床、组合柜、皮箱、折叠椅、沙发、茶几、写字台等。电风扇、电视机、洗衣机、收录机、电冰箱、电饭煲、电热壶等相继进入农家。育婴用具以童床、童车取代旧式枷椅、站窝。90 年代，农村家庭开始装空调、购手机。2000 年以后，手机流行，电脑开始进入农家。到 2016 年，90% 的家庭装有空调，家家都有 1 到 2 部手机，有的还用上手提电脑。

礼仪习俗

婚嫁 定亲，俗称发八字，父母即托媒说合，女家以红纸书写女儿的生辰，谓之庚帖，由媒人送至男家。男家备礼，连同男孩的生辰庚帖送至女家。随后男家选择吉日，携礼物由媒人引荐向女家下聘。自此，婚约正式成立。传期，俗称启媒。男家于端午节向女家送礼求亲，经女家应允后，再由男家选择良辰吉日，作为婚期。上头，亦称过礼。多在婚日前一天，男家备大礼送至女家。此时，男女两家均亲朋汇聚，宾客满堂，设席摆宴，列坐以次，谓之喝上头酒。告祖，婚日前一天晚，男女两家同时举行，男家称告祖。男家邀请男青年 9 名，连同新郎共 10 名，谓之陪十弟兄；女家亦邀请少女 9 名，连同新娘共 10 名，谓之陪十姊妹。入席前，设香案于堂前，分别由新郎、新娘叩拜祖先。散席后，举行告祖仪式，并按世系字派为新郎命字，谓之冠名。迎亲，婚日凌晨，男家即以鼓乐、彩轿赴女家迎亲，女家看茶，待酒毕，迎亲者即鸣锣奏乐，俗称催妆。然后将彩轿抬至堂中，由两名牵亲婆扶新娘出，于堂上拜辞先祖后上轿。同时室内鼓乐叠奏，鞭炮轰鸣，俗称发亲。发亲时间一般在下午，俗称牛马归栏，即到亲时间与日落时间相同。待彩轿抵达男家厅前，男家设香案供品，拦轿行礼，谓之回銮，俗称拦车马。彩轿入喜堂后，又由两名牵亲婆扶新娘下轿，并置斗灯于轿门前让新娘跨越，谓之探花灯。新郎新娘并立堂前，由傧相赞拜，谓之拜周堂，一拜天地，二拜高堂，三为夫妻对拜。礼毕，新郎新娘入洞房喝交杯酒，旋由9姊妹陪新娘入席饮酒，俗称吃下马宴。待菜肴上至第六碗，新娘下席，由小姑顶替，谓之圆席。次日，新妇出堂前，先拜公婆，次拜族党及亲眷，谓之拜茶。凡受拜者，必赠金钱，谓之拜仪。婚后第三日，女家遣兄或弟到男家接新妇回门。新婿亦备酒肴送至岳家，称谢亲酒，夫妻同往，即双回门。

50年代末，禁用彩轿，迎亲由少女伴随。70年代，多为自由恋爱或亲朋好友介绍，有些男女自由恋爱，免去“说亲、相对象”环节。迎亲队伍采用步行，打着红旗，吹喇叭、敲铜锣，男方娶亲队伍到达女方门前时，女方立即关上大门，待新郎给开门费后，门才打开。同时，新郎还要向前来祝贺的亲戚和看热闹的人发喜糖。80年代，兴起婚前结婚照，男女双方到专业照相馆，照一套新郎着西装革履、新娘着婚纱的照片，装裱保存。90年代，过礼由原来男方向女方送肉、鱼、烟酒及其他副食等礼物，发展成加送现金，少则几千元，多则几万元，后来增加到10万元以上。娶亲，由步行、骑自行车、开摩托车发展为以小汽车为主。婚车扎彩，亦称花车。有的花车到达村头，由公公背下车，一直背进自家门口。偶有花轿娶亲，鼓乐伴行，婚礼庆典在家里举行。新娘进门放鞭炮，散发喜糖，进洞房后，男女双方喝交杯酒；摆喜宴，新郎新娘向宾客敬酒；晚间，亲朋好友闹新房。21世纪初，随着网络的发展，青年男女网恋成为一种时尚。恋爱关系确定后，择日到男家举办婚礼，偶有旅行结婚者。集镇居民中，有请婚庆公司为其主持婚礼的。

丧葬 50年代，提倡丧事从简。60年代，倡导为死者开追悼会、送花圈，以寄托哀思。70年代，推行殡葬改革，实行火葬，但农村土葬仍较普遍。80年代后，随着农村经济发展，人民生活水平提高，丧事大操大办之风，又有所兴起。90年代中期，全面推行火葬，大部分丧家将骨灰盒土葬，极少数丧家用棺木装骨灰盒土葬。90年代至21世纪初，农村丧葬习俗有守灵、亡灵超度、晚辈穿孝衣、亲戚戴孝、孝子捧灵牌遗像、沿途撒纸钱、孝眷送葬、入土下葬等。人去世后，家人守灵三日，亲友送花圈吊唁。请道士、定墓地、写孝单、排七日、撰祭文。出殡前，举行遗体告别仪式。将遗体移至棺内（为民政部门统一制作的殡棺），入殓后摆放于正厅，众孝男孝女依次跪于棺前，由道士念经文，为死者超度亡灵。仪式毕，负重手将棺木抬出，孝子捧灵牌遗像走在前，花圈紧跟，负重手抬棺木随后，送葬眷属随行，沿途放鞭炮、撒纸钱，直至将殡棺送到灵车上，送葬眷属及负重手一同坐车将遗体护送至火葬场火化。骨灰入盒，返回墓地安葬。入土后，孝子捧灵牌遗像返回，举行安灵仪式。事后有复三、叫饭、烧七、百日、除灵、新香、春节挽白对联等礼节。老人去世，称白喜事，在宴请宾客的同时，还请乐队、戏班唱歌唱戏。

寿诞庆典

寿诞　主要是庆祝老人和孩子生日。孩子出生、满月、周岁、十岁通常做生庆贺。在婴儿出生的次日，婿备红蛋向岳家通报，俗称报喜，岳家以鸡、蛋、面条、红糖等回赠。第三日，用温水泡艾叶为婴儿沐浴，俗称洗三，并备办酒席，款待接生婆及亲友眷属，谓之做三朝。婴儿满月后，由其母抱至外婆家，俗称出窝。婴儿周岁，亲朋眷属前来庆贺，俗称做周岁。当日，将多种物品放在桌上，让孩子抓取，视其抓取的物品，以卜孩子的未来，俗称抓周。孩子满 9 岁时，即做十岁的生日，俗称做旺生。亲朋邻里入贺，并以钱、物相赠。

祝寿　俗称做生，多限于 60 岁以上的老人。生日前夕，亲朋会集，堂前陈寿礼，悬寿幛，焚香秉烛。寿星坐堂上，子女晚辈列队阶前，相对入拜，谓之拜寿。1949 年以后，庆生祝寿，仍沿旧习。但敬神、拜寿者逐渐减少。也有 20 岁、30 岁、40 岁和 50 岁做生的，沿袭“男不做三（30 岁）、女不做四（40 岁）”的古训。随着人民生活水平提高，庆祝寿诞形式不断丰富，场面隆重。除吃素面（长寿面）、订做生日蛋糕、置办酒席、宴请亲戚朋友外，先后出现电台电视台点歌、艺术摄影、定制纪念品、送鲜花、放电影、请戏班乐队、扎彩门、放烟花焰火等形式。

庆典　建造房屋，必择期动工。当新屋堂列竖立之后，举行上梁仪式，中柱上贴对联，室内摆香案，主人盛装叩拜，掌墨持斧致彩词。大梁在一片鞭炮声中徐徐上升落位。迁入新居，谓之乔迁，俗称过屋，全家捧香盘、提火炉、端饭甑，以鞭炮为前导，进入新宅，叩拜家神。亲友入贺，多赠中堂、字画、镜屏、座钟等陈设物品。80 年代，砖混结构房屋逐步取代砖木结构，上梁习俗渐失。随着农村城镇化建设，不少农村居民在集镇或市区购买房屋后，也举行乔迁庆典。

集镇商户开张，新单位成立，举行开业（开张）庆典以扩大影响，提高知名度及图吉利。庆典活动现场，礼仪小姐佩戴绶带迎宾，悬挂横幅标语，摄影师摄像拍照，乐队演奏乐曲，祝贺单位代表和个人送牌匾、花篮或礼金。剪彩是开业庆典重要内容。剪彩者一般由相关要员和知名人士担当。由来宾代表发言，业主致答谢词后，礼仪小姐将扎有彩球的红布两头拉开，剪彩者同时将彩球剪下，放在托盘里。随后，扯下蒙在招牌上的红布，宣告剪彩仪式结束。规模较小的店铺开张，一般摆放花篮，燃放鞭炮，置办宴席。

80 年代以后，子女升学、入伍也举办庆典，其形式比较简单，亲朋好友入贺，赠送礼金，置办宴席。

方言俚语

汤池处应城西，其方言属江淮官话方言区，语音、语词、语法与普通话差别不大，但仍有自身特点，并在生产生活中形成一些习惯用语。

语音 汤池方言中的声母，有如下的特点：

1.n 和 l 是混读的，没有意义区别。如：男—兰、牛—流、捏—列等字的声母没有区别。

2. 只有 z、c、s，没有 zh、ch、sh。如：早—找、糙—超、骚—稍，在汤池话里都是 zao、cao、sao，不读 zhao、chao、shao。

3. 方言中有一个后鼻辅音声母 g，特别是在岁数比较大的人的口语中最为明显。

4. 普通话中部分齐齿呼韵母与舌面音声母相拼的字，在汤池话中变成与舌根音相拼，并且去掉了介音 i 或 u。如夹（～住）、家（亲～）、甲（指～）都读 ga，瞎（～子）、虾（～子）、下（等一～）都读 xa。街读 gai，鞋读 hai。

5. 部分声母读 s，而普通话中读 c，如：晨常嫦纯偿。

汤池方言中的韵母有如下的特点：

1. ч 类韵母的存在，是汤池话显著的特点。普通话里的 y 类韵母全为 ч 类韵母，普通话一少部分 u 类韵母也为 ч 类。

2. 韵母去掉了介音 u。如堆对兑读 dui，推退读 tui，酸蒜算读 san。

3. 只有 in，没有 ian 和 ing。如骗片面颠年尖千先、兵平明丁听宁静庆幸韵母为 in，而普通话则分别为 ian 和 ing。

4. 只有 en，没有 eng。如登腾能增层正生韵母都是 en。

5.ong 可以和 p、b、m、f 相拼，例如：崩朋梦风读为 bong、pong、mong、fong。

6. 有一个韵母 io。如觉（～悟）爵却雀学略约钥药，其韵母都是 io。

7. 韵母 o 可以和 k、g、x 相拼，例如：哥科喝韵母都为 o。o 韵母还可以和 t、d、n、z、c、s 相拼。例如：拖多罗捉错所韵母都为 o。

8. 少有 u 韵母，声母只能和 ou 相拼，例如：肚突努鲁祖粗苏助韵母都是 ou，而普通话里韵母为 u。

汤池方言中的声调有五个，即阴平、阳平、上声、去声、入声。调值为阴平 33、阳平 23、上声 21、去声 44 和入声 24。

汤池北部村与京山县口音相近，南部村与天门市发音相似。

用词　汤池群众在长期语言交流中形成了一些与普通话不一致的语词，选录如下：

汤池方言与普通话对比表

表 3

汤池方言	普通话
天道	天气
掣豁	闪电
天涩	下雨天
麻分子	毛毛细雨
下凌	结冰
地昂	地方
昂哈	附近
斗风（水）	逆风，逆水
外限	外面
里限	里面
糊面	表面，表皮，表层
落巴	最后
晏	晚了
奶伢	婴儿
爷伙的	父子俩，父女俩
酒坛子	女孩
月母子	未满月的产妇
爷爷	阿姨（称比母亲小的女性）
一担挑	连襟
佬佬	姑妈
财喜	①猫②好运道

续表 3

汤池方言	普通话
鲫葫芦子	小鲫鱼
团（脚）鱼	甲鱼，鳖
丁丁	蜻蜓
贼蛛子	蜘蛛
土狗子	蝼蛄
绿蚊	苍蝇
扪子	上衣外套
沤冷褂、裤子	秋衣，裤
手笼子	手套
滚衫子	棉袄
闷褂子	套在棉衣外的单衣
吊子、沏子	水壶
涎兜（围涎）子	围嘴
家椅（子）	童车
钢丝（脚踏）车	自行车
挖（抓）锄	锄头
杙榧	洗衣服用的杵
珠驼驼	玻璃珠
麻雀枪	弹弓
板锄	挖锄
款板	锄草用的锄头
撇绳	耕地时用的长牛绳
堂（陶）屋	正厅
浆踏子	台阶
马拉古	小石头，鹅卵石
筑子	塞子
杂巴拉伙	杂七杂八的东西
把碗	茶缸
洗（抹）汗	洗澡
嚼嘴（腮）	说闲话，顶嘴
启眉动眼	做事主动
炸把	乱了套
过日子	结婚
抻妥	有条理，顺当
武墩	结实，壮实
撩撇	干脆，爽快
把知	原以为
拨灯棒	拨一下亮一下，不能主动做事
冲担鬼	比喻两头挑拨的人
陈格子	旧货，旧物，旧底子

续表 3

汤池方言	普通话
春白菜	一种很好看的白菜，比喻好看不中用的人
黑耳朵	敢于得罪人的人
急作宝	①喜欢说下流话的人②爱恶作剧的人
夹舌头	说话吐词不清的人
末脚子	比喻别人挑选后剩下的
闷鸡子	不爱说话、心里有数的人：他是个~
么板眼	什么道理
破脑壳	有前科的人
皮筲箕	小气得很，滴水不漏
入白佬	喜欢聊天或喜欢说笑话的人
入打瞎	蠢货
撒尿宝	睡觉尿床的人
死眼子	糊里糊涂的人
痰火病	肺病；时好时坏
吸耳朵	只听一面之词者
洋板眼	稀奇古怪的名堂
败脏人	夸大其词地讲人坏话
背不住	承担不起，忍受不了
朝天唠	随意地说话，不负责任
扯不抻	说不清楚，道不明白
扯裤脚	搬弄是非
出敌哆	出问题
出豁子	出事故，或出纰漏
撮冷火	乘人不备做某事
撮虾子	到处捞外快捡便宜
打开张（打收手）	在最开始或最后时刻惹麻烦受惩罚
打昆腔	装腔作势说话
打冷捶	乘对方冷不防时出手伤人
打闹台	做准备工作
打挑脐	全身赤裸
打冇张	假装吃惊的样子
打醒鼾	揣着明白装糊涂
斗散放	开玩笑
放闸叶	不受限制，可以随便拿东西
搞皮绊	不正当的男女情事
护炉子	拍马屁
捡桌子	饭前收拾桌椅，准备上菜，意思结束了
嗑得幸	开玩笑

续表 3

汤池方言	普通话
盘算人	刁难别人
入秋白、入煞白	说谎话
塞坨子	行贿送礼
围台子	支持工作
抬轿子	几个人合伙算计别人
占香赢	占便宜
糟鄙人	用刻薄的语言糟蹋、鄙视别人
做狗娃	小孩生病
做人家	两夫妻过日子
坐椅子	上门女婿
背时铁	倒霉鬼
不懂板	外行，不懂事理
不安逸	生病
抵老宝	说话揭人短处
搞不彻	忙不过来
绿了头	翻脸不认人，谁都不怕
有得档	没有地位
讨不闲	没空
心地乱	心里烦

谚语

长期生产生活中总结出一些反映自然、社会等领域规律的谚语，选录如下：

自然类

北风送九九，船儿靠在大门口；南风送九九,千年荷花气死藕

吹了重阳风，百虫都归洞

过了七月半，放牛伢（娃）往田坡站

今晚花花云，明天晒死人

六月初一溜一溜，溜溜达达溜到秋

生产类

萝卜怕痒，越薅越长

人哄地一时，地哄人一年，人不亏地皮，地不亏肚皮

只有人亏地，没有地亏人。只有一夜雨，没有一夜秧

节令习俗类

拜年不拜初五六，又无酒来又无肉

人情大如债，头顶锅来卖

生活、工作类

柴多米多冇得日影多

除了栎柴无好火，除了郎舅无好亲

干鱼盐鸭蛋，绿豆大米饭

社交类

喊人不折本，只要舌头打个滚

江湖是把伞，只许吃不许攒

克膝落地，各说各的

歇后语 生产生活丰富了汤池群众语言，形成一些歇后语，选录如下：

肚脐眼（汤池音斗西）打屁——出腰（妖）气

吊颈鬼断了绳子——鬼得跶倒（死不成）

齁包咯血——冇得痰吐（谈头）

黄陂的锯（汤池音盖）匠——一对

瘌痢戴斗笠——善磨（慢慢对付）

瞎子的儿——不贼（不行之意，即眼睛也不行）

瞎子提套鞋——捏皮

线鸡公踏水——只是表情

乡的大姐卖鸡蛋——一八一八（一把一把）的

学生打架——为笔（未必）

鸭棚老板睡懒觉——不捡蛋（简单）

阎王爷要吃粑粑——鬼的姆妈做（没有人做）

俗语 汤池人在交流中形成了一些俗语，其表达意思与普通话有区别，选录如下：

表 4

汤池俗语与普通话对比表

俗语	普通话意
说话不用涎打湿嘴	说话太轻巧
揞（拿）倒上轿，屙屎撒尿	拖拖拉拉地偷懒
把你过细	让你操心了，一般用于反语
半天云的过	不脚踏实地

续表 4

俗语	普通话意
抱倒坡子打鼓泅	顺势而为
抱倒伢寻伢	忘性大，寻找的东西就在自己手中
抱错了胯子	找错了靠山
别古别样	跟别人不一样
不要鼻子	不要脸
不想吃猪油渣子不在锅边嗅	指人有目的地在寻求事情
踩疼指甲	提别人最伤心恼火的事或攻击别人弱点
苍蝇飞过去认得公母	太精明
惩倒鸡子抱不出儿来	强迫成不了事
惩倒叫花子拨眼屎	向最贫乏者索取
吃个萝卜回个樱（音）	接受别人的事情要有结果汇报
痴家婆养外孙	再用心也不亲
打狗子架	群殴行为
打屁扯椅子吖	为过错找推脱理由
打私码子	私下商量，徇私情
大弯人家转，小弯自己转，自己的弯自己转	学会变通和忍让
踮起脚做长子	努力达到某种要求
吊倒干鱼吃白饭	有优势不会利用
耳朵长到隔壁人家去了	怎么不听话
放春风，收夜雨（虾子钓鲤鱼）	小投资大回报
疯头魔脑的	像有神经病一样
赶不醒的抱鸡子	糊涂的人总醒不了
搞么花脚乌龟	搞什么勾当
跟好人学好人，跟倒叫（告）花子学流神	择友很重要
锅里不精碗里精	比喻节约不在点子上
划不来噶（用）浆趟（荡）	自己转自己的弯
黄鳝大，窟眼粗	各有各的生活方式，各有各的难处
贾家入马（家）地	假装，一本正经的
捡到银子无纸包	没有福气消受
叫（不叫）粮食	不像话，不叫东西
叫（告）花子搁不得讨米的	同行相忌
嚼牙巴骨	乱说话
砍倒树捉八狗（哥）	脑筋僵化，成小事毁大利益
砍一冬的柴一灶烧了	辛辛苦苦积攒的东西一下全毁了

续表 4

俗语	普通话意
拉斗水纤	逆着别人说话、做事
良心放得夹颈窝（肋下丫）的说话	说话没良心
撩蜂搭眼肿	惹不该惹的人要付出代价
芦席滚得垫子上，高不了一篾皮	同样的水平或处境
卖八斗丘	做有损自己利益的事情
有吃倒羊肉惹一身酸气	典型的得不偿失
娘亲有舅，爷亲有叔	里外都有至亲之人主事
你翘尾巴我拿篼子	知道你下一步干什么
牛胯的扯到马胯的	没有重点，东扯西拉
七地八地	东拉西扯乱说
钱留倒过儿	太小气了
轻捶拨重锤	力量小的惹力量大的，活该倒霉
轻身压骨头	喜欢乱动，不稳重
七岁的伢放了八年的牛	比喻人小资格老，或者能人的意思
人背时鬼推磨，鸡子生蛋生两个	倒霉事情接二连三
人不行，扯刀钝	为无能找理由
人叫不做，鬼叫飞跑	只搞歪门邪道不做正经事
肉翁（埋）得饭窠里吃	小气独享，好的资源被浪费了
入哄死人不抵命	好话讨人喜欢
三斤的鱼两斤的泡	说话太过夸张
上眼子当	上很明显的当
苕吃哈胀横长肉	吃得多长得胖
蛇大窟窿粗	收入大，开支也大
十颗胡椒冇得一颗辣	没一个孩子有出息
石磙都压不出个屁来	真正的老实人不爱说话
睡着不烧爬起来烧	自己惹火上身
说得凉水点得燃灯	极尽煽动之能事
四方石磙	脑筋不灵活
头发尖子吹哨子	形容人聪明绝顶，上不了当
兔子还（不）在老窝里	时势会变的
屋（淹）死会水的	经验主义要吃亏的
雾的雾气	不明事理，说话做事莽撞
下猪娃（伢）、卖猪娃（伢）	酒醉后呕吐

续表 4

俗语	普通话意
瞎子看见鬼	说话不负责任，毫无根据
象欠他三年陈大麦的	生气的样子很难看
小脚爱大鞋	喜欢与自己特点不相符的东西
心大炸肺	野心太大自遭殃
心的冇得坨	心中没有数
擤了鼻滴（子）脑壳轻	早作决断早了事
眼睛长倒出气的	瞎了眼
眼睛长到额壳上去了	看不起人
眼睛睁得一箩筐大	大为吃惊
药罐的少不了甘草	少不了的角色
夜里吃那多压床梃	晚上要少吃
一个荸荠一个凼	有坑有眼，一个对一个，不多不少
一个虱子顶不起一床被子	一个人力量有限
·句（锯）两把瓢	有话明说
一口一杯（说起那里走起哪里）	说话算数
一片嘴两片舌	狡辩，顶嘴
用筷子夹肉你吃不记得，用筷子打你脑壳倒记得	忘恩负义
有几多羊子赶不上山	花钱要细水长流
有理的菩萨供得你的在	强词夺理惯了
硬的拖锹过，软的踩一脚	欺软怕硬
长红头发	喻指不怕死或不讲理的人
撞到个绊	见到鬼之意
作鼓打劲	一本正经，认真

汤池西街（2009年）　　彭波　摄

名人与名镇

汤池人杰地灵，养育了一代又一代杰出人才，吸引了无数文人墨客。热血青年在此成长，奉献毕生精力，甚至生命。古有惠王驻足、宋玉浇田、李白沐浴吟诗；近有陶铸、李范一聚四方志士，传延安思想、建抗战基地、播革命火种；今有主席题词、景润存迹。汤池人民不甘人后、英才辈出。在名人与汤池中，收录部分对汤池有重大贡献和重要影响的历史性人物。从大革命时期，到抗日战争、解放战争，一代又一代仁人志士，为革命事业前赴后继。和平时期，汤池人民发扬革命传统，为国家、人民利益，勤奋工作。革命烈士名录中，收录汤池本地有重要影响的烈士；同时，以列表的形式收录汤池有记录的所有烈士名单。

名人与汤池

楚惠王遥寄曾侯乙　楚惠王，芈姓，熊氏，名章，公元前 488 年继位，公元前 432 年去世，在位 57 年。楚惠王五十六年（前 433），楚惠王熊章得到曾侯乙去世的讣告，

汤池群英铜像（2016 年）　李金　摄

曾侯乙镈钟（2010 年）　李金　摄

因路途不畅，再加年事已高，不能亲往，“居汤池遥寄曾侯乙”，并命人特制镈钟送达曾国，以祭曾侯乙。这是汤池存载的最早历史人文事件。

宋玉游汤池 宋玉（前 298—约前 222），字子渊，战国末期楚国人，辞赋家、文学家。公元前 282 年，景差向楚襄王推荐年仅 17 岁的宋玉，宋玉因此获得距汤池不远的一处田产。宋玉在此筑渠，引汤池温泉之水灌溉农田，后人称之为宋玉渠、宋玉田。李白有诗云：“散下楚王国，分浇宋玉田。”闲暇之余，宋玉沿渠而上，寻汤池河至温泉处，一时兴起，留下诗作：“硕硕斯池兮盛碧汤，潺潺神汤兮利稼穑，稻粱菁菁兮足黎庶，仓廪盈盈兮兴楚邦。”当时，温泉名玉女汤，因宋玉诗中有汤、池二字，世人始称此泉为汤池。汤池在春秋战国末期即扬名楚国，与宋玉有直接关系。

盛弘之与玉女泉 盛弘之，南朝宋文学家、史学家。曾任临川王刘义庆侍郎。南朝宋元嘉九年（432），前往应城汤池，观汤沐浴，撰著《荆州记》。《荆州记》云：“……惠泽中有温泉。冬月未至，数里遥望，白气浮蒸如烟，上下采映，状若绮疏，又有车轮双辕形，世传昔有玉女，乘车自投此泉。今人时见女（子）姿仪光丽，往来悠（倏）乎……”此时的温泉，在当地人的口中，因有玉女投泉的传说，加之泉眼中心热水沸腾若汤，故泉名为玉女汤。盛弘之的《荆州记》，将玉女汤的原始风貌，第一次完美地展现在世人面前。

郦道元与汤池 郦道元（472—527），北魏地理学家、文学家。512—515 年，任东荆州刺史。他详细考证记录大富水、小富水的交汇情况以及后续流向，精确标注应城汤池的地理位置。郦道元在《水经注》中记载汤池：“口径二丈五尺，垠岸重沙，端净可爱。靖以察之，则渊泉如镜，闻人声，则扬汤奋发，无所复见矣。”后世之人描述汤池位置、地貌，多引用郦道元之《水经注》。

李白与汤池 李白（701—762），字太白，号青莲居士，唐朝大诗人。唐开元十五年至开元二十三年（727—735），旅居安州（今安陆）白兆山。开元十八年（730），他从白兆山出发，沿着田间小道，穿越蒲骚故里，趟过大富水，踏进崎山。在崎山，李白观看楚襄王赐给宋玉的田畴之后，径直到他所慕名的玉女温泉。诗仙来到温泉边，正是清风徐徐、星光灿烂、明月东升之时，只见温泉热气蒸腾，雾珠映月，泉边兰花芳香，桃花盛开，宛如仙境。奇妙的美景让诗人诗兴大发，挥写《安州应城玉女汤作》，并在玉女温泉流连忘返，盘桓难舍。李白描绘汤池的佳作，不仅有口皆碑，流传至今，更让汤池声名鹊起，成为许多人神往的地方。“神女殁幽境，汤池流大川”，让“汤池”这一

唐朝诗人李白

图片来自网络

鄂中革命烈士纪念馆内陶铸铜像（2014 年）

彭波 摄

地名，扬名华夏。

李先念与汤池 李先念（1909—1992），湖北省红安人。中华人民共和国原主席。在鄂中领导革命斗争期间，李先念经常往返汤池周边，并作短暂停留，与陶铸分析、探讨革命形势。1938 年 12 月，几支武装在共产党的领导下，利用合法名义，统一整编为应城县抗日游击队。李先念充分肯定：“鄂中陶铸、杨学诚同志以八条枪起义而发展起来的几支武装，成为以后发展、坚定豫鄂边区抗日游击战争的基本力量。”

1984 年，在汤池训练班旧址兴建鄂中革命烈士纪念馆；10 月 31 日，国家主席的李先念得到消息，欣然为纪念馆题词：“汤池是发动鄂豫边区敌后抗日战争的战略支撑点之一，为民族解放事业作出了贡献。”

原鄂中革命烈士纪念馆中，地面大石上，刻有李先念专门为纪念馆所作的题词。纪念馆重建后，李先念题词移至多功能展厅正墙上。

陶铸在汤池 陶铸（1908—1969），湖南省祁阳人，国务院原副总理。1937 年 12 月，陶铸由中共湖北省工委派，到应城汤池开办汤池训练班，为鄂中党组织和抗日做了大量工作。

1937 年 12 月上旬，陶铸以共产党员的公开身份，到汤池训练班主持实际工作。12 月 11 日，董必武带陶铸会晤石瑛；12 日，杨显东陪陶铸到汤池与李范一见面，参观汤池农村实验区；14 日，陶铸回武汉着手训练班招生工作；17 日，陶铸带领 60 多名学员乘小火轮到天门皂市转赴汤池；20 日，汤池训练班正式开学。

陶铸亲自抓训练班的教学方针和教学任务，规定学习内容，主要有学习马列主义和党的基本理论；钻研党的抗日民族统一战线的政策；掌握抗日战争的游击战术；从事党的建设和发动、组织群众的方法；兼学合作社的章程业务。陶铸十分重视学员意志的磨炼，专门开设军事训练课程，结合学习游击战术，多采用下雪、下雨、刮风的夜间进行，开展紧急集合、操练、测量、放哨、夜行军、夜袭击等军事演习，同时要求学员到矿区和农村实习、调查，熟悉工农和了解工农，宣传群众和组织群众。训练班第一期，国民党派应城县政府督学张谦光"旁听"，实为监视。两个星期的学习生活，张谦光听了陶铸的教诲，接受革命的熏陶，思想发生根本转变，加入中国共产党，走上抗日救亡道路。

陶铸在培训农村合作人员的同时，把发展共产党员，建立党的组织放在首位。训练班开学的第二天，他就在学员中建立党小组，由顾大椿任党小组长。1937 年 12 月下旬，又建立汤池训练班党支部。陶铸对党员要求十分严格，规定三条任务：在学习、劳动和生活中，党员要起模范带头作用；学习时要理论联系实际，步步深入；要了解学员对共产党的认识，注意发展新党员。1938 年 2 月初，陶铸代表临时省委领导汤池训练班党支部和鄂中特支的工作，前者以训练班的工作为主，后者以地方党的工作为主。应城膏盐矿工邓先柱，曾参加过土地革命，后来与党失去联系，他通过武汉八路军办事处，到汤池找到陶铸恢复组织关系。

陶铸是积极发展党员和建立党组织的发动者、组织者和领导者，鄂中地区许多县、区党员的发展和党的建设工作进展很快，至武汉失守前，鄂中特委共有党员 300 余名，已建立应城、京山、钟祥三县委，天门、汉川两区委及汉阳工作委员会（钱瑛：《湖北各区工作报告》，1939 年 4 月 7 日）。在恢复和建立鄂中 11 县党组织的同时，陶铸根据

纪念馆内陶铸卧室（2014 年） 李金 摄

纪念馆陶铸会客厅（2014 年） 李金 摄

湖北省委关于“进一步的注意外县组织的发展”的决定，又将汤池训练班的一批学员分配到鄂西（恩施、巴东、建始、利川、咸丰、宣恩、来凤、鹤峰），鄂北（房县、均县、竹山、竹溪、保康），鄂南（武昌、阳新、大冶、潜江、蒲圻），鄂东（汉口、黄冈、黄梅）等地区。汤池训练班的学员遍布到湖北省33个县市（不完全统计），革命的火种形成燎原之势。

陶铸“坚定地贯彻执行毛主席关于建立和发展抗日民族统一战线和发展抗日武装的方针，创建了鄂中游击区”(《在陶铸同志追悼会上 陈云同志致悼词》，载《人民日报》1978年12月25日)。陶铸在汤池的共产党员身份是公开的，在极为困难和复杂的政治环境中，对鄂中各界人士开展广泛的统一战线工作，一些国民党官员、开明地主、爱国资本家、封建帮会头目在他的影响与帮助下，拥护抗日，靠拢中共。他主持和领导鄂中各县教育改造汉留（青红帮中的红帮）的工作。陶铸认为，汉留骨干多系流氓无产者，其余大都是工农群众，必须引导他们走上抗日的道路，否则，一旦将来被日伪利用，就会成为中共开展游击战争的一大障碍。在他的倡导下，特委成立以沈德纯为主任的鄂中汉留工作委员会，并派出部分同志有计划地打入汉留组织，把争取的重点放在鄂中势力最大的“双龙头寨主”郭仁泰身上。1938年8月，经多方面的努力，郭仁泰做出承诺：汉留坚决抗日，整顿汉留秩序，纠正损害群众的行为，由郭仁泰出面组织、开办汉留骨干人员训练班，接受抗日游击战争的训练。国民党竭力阻挠中共对汉留的争取工作，从中多方破坏，以突然袭击的办法逮捕郭仁泰，并在各地张贴布告，明令取缔汉留。陶铸闻讯后，一面立即同沈德纯等人一起，走访各“码头寨主”，组织成立“鄂中

纪念馆内陶铸、李范一卧室外观（2014年） 李金 摄

汉留大同盟”，起草大同盟抗日宣言，广泛争取社会舆论的支持，一面亲赴县政府，与县长鲍佛田谈判，将郭仁泰营救出狱。郭出狱后，对共产党和陶铸感恩不尽，表示组织武装，一致抗日。郭仁泰将其组织的汉留武装开到京山丁家冲游击据点，后被编为“应抗”第三大队，成为应城的一支抗日武装队伍。

陶铸刚到汤池训练班时，就举起“建立抗日根据地、准备抗日游击战争”的鲜明旗帜，坚持以武装抗日的思想教育全体学员，在训练班积极开展游击战争的战略战术的训练，把游击战争理论作为重要课程。1938 年 2 月 1 日，陶铸在汤池邀请中华全国戏剧界抗敌协会话剧移动第七队的全体队员举行春节座谈会。在座谈会上陶铸指出如果武汉失陷，就要开展游击战争，还必须建立根据地，否则就成了游击主义。当年春，为准备开展敌后抗日游击战，陶铸征得李范一的同意，从汤池合作社拿出 3600 块银圆，委托八路军武汉办事处在香港为应城购买枪支。

6 月，由于王明的右倾错误，陶铸受到污蔑和打击，工作暂时停止。

9 月，周恩来、董必武坚决抵制王明的错误决定，指示陶铸暂时退到宜昌待命，以便随时准备返回鄂中。离开汤池之日，汤池临时学校数百名师生聚集在学校草坪上，依依不舍地送别。陶铸说：“走是暂时的，一旦沦陷，我一定回来和你们一起打游击。如果斗争需要，我将毫不犹豫地把自己的血流在鄂中。”10 月下旬，鄂中大部分地区相继沦入敌手。11 月上旬，陶铸离开宜昌，到达京山丁家冲。鄂中特委分工，陶铸负责军事和统战工作，他和杨学诚等人一起着手整顿队伍，扩大抗日武装。陶铸提出“为一百条枪而奋斗”的口号，一方面按照红军传统狠抓日益扩大的潘家集商民自卫队的组织和军事建设，以形成抗日武装的骨干；另一方面通过各种途径搜集枪支弹药和集结分散的民间武装。不到两个月的时间，鄂中特委掌握的抗日武装

陶铸卧室外墙（2014 年） 李金 摄

汤池抗日游击大队旧址（2014 年） 李金 翻拍

就已发展到 500 多人枪。

应城潘家集商民自卫队、汤池抗日游击大队、陈家河湖区抗日游击大队、矿区北山工人武装和京山石板河抗日自卫队等五支武装，都是中共鄂中特委及陶铸、杨学诚等，以汤池为战略支点，有组织、有准备发动起来的。1938 年 11 月末，这几支武装在中共的领导下，利用合法名义，统一整编为应城县抗日游击队。1939 年 3 月底，陶铸指挥京山公安寨伏击日军的战斗，击毙日本皇族劳军团团长，毙、伤日军 20 多人，缴获一批武器弹药。“在富水河畔之公安寨，胜利予敌人的有力打击，光荣地展开第一次鄂中游击队与敌人的搏斗，这不仅兴奋了鄂中人民与鼓舞了鄂中游击队，而且动摇了大部分的伪军。”（陶铸:《论鄂中游击战争的新阶段》，1939 年 11 月 17 日）4 月底，陶铸率领“应抗”一、三支队，夜袭云梦城，在湖北首创攻破敌占县城的战例。

“应抗”经三次整编，发展到 3000 多人枪。1939 年 6 月，鄂中区党委在京山养马畈召开扩大会议，李先念、陈少敏传达中共扩大的六届六中全会精神，决定将鄂中、豫南党的武装整编为新四军鄂豫独立游击支队，李先念任司令员，陈少敏兼政委，不久，陶铸代理政委职务。“应抗”为创建新四军第五师，夺取鄂豫边区抗日游击战争的胜利，做出重要贡献。

李范一在汤池 李范一（1891—1976），字少伯，应城城关人。13 岁中秀才，乡下称神童。1912 年，公费留学美国哥伦比亚大学。1924 年回国。参加北伐战争。后任南洋公学（今上海交通大学）校长。民主人士。1955 年，任石油工业部副部长。

1933 年，李范一担任国民党政府湖北省建设厅厅长，1934 年，因受国民党政府的排挤、打击，李范一弃官还乡，全家搬到汤池。

李范一（2004 年）
李金 翻拍

纪念馆李范一卧室外墙（2004 年） 李金 摄

他在天门、京山、应城三县视察农村情况，认为汤池是三不管的交界处，具备天时、地利、人和的优势，决定先办农场。他找到刚从南京金陵大学农业专修科毕业的许子威，一起创办汤池农场，从事农村改进实验区的工作。他们先后办起汤池生产供销合作社、碾米榨油厂、织布厂，还办起青年职业就业介绍班、小学、成人夜校，栽种树木，兴修水利，给农民贷款，发展生产，稳定社会秩序，把昔日荒凉的、土匪经常出没的穷乡僻壤办成了社会比较安定的改进区，深受群众欢迎。

抗战初期，李范一在反复研究辛亥革命和北伐战争两次失败的教训后，坚决主张抗日："要抗日，就要依靠艰苦奋斗的共产党，贪污腐化的国民党是不行的！"李范一在辛亥革命时期就是董必武的好朋友，当董必武和石瑛洽商要他出面办汤池训练班时，他乐意为训练班尽力，并担任训练委员会主任。

作为共产党的代表，陶铸以饱满的政治热情和踏实的工作态度投入汤池训练班的工作，得到了李范一的信任。李范一对陶铸不仅在生活上关心照顾，在政治上更表现出无限的尊敬和信任。李范一亲笔写了"富贵不能淫，贫贱不能移，威武不能屈，此谓之大丈夫也"的条幅，贴在陶铸宿舍的墙上。他钦佩地说："以前，我听说你们共产党宣传抗日纲领、主张，觉得符合民意国情，实为救国之道，深表赞同，现在我亲眼看到你们为挽救民族危亡而踏实工作堪称楷模，老朽深受教益。"

汤池训练班的发展和影响，引起国民党特务的注意，几次到汤池进行调查，李范一在关键时刻顶住压力，对造谣诬蔑和破坏活动进行巧妙的应付和周旋。徐恩曾（国民党中统局局长）单独找李范一谈话，李范一说："共产党在陕西，怎么跑到汤池来呀？你在疑神疑鬼吧？日本人把你们从南京赶到武汉，汤池还有多久可住？汤池有共产党吗？你们

李范一卧室（2014 年） 李金 摄

纪念馆大门任质斌题字（2012 年）　　李红春　摄

认为有，看你们能对我李范一怎样！”国民党又派杨子福（国民党湖北省党部常委）到汤池，李范一找理由推脱不见，杨子福悻悻而归。当训练班被国民党政府明令停办后，毕业的学员仍以合作社指导员的名义分配，在石瑛的帮助下，李范一找各方友人关照疏通，让各县县长予以接收，并设办事处，开展工作。实际是做游击战争的准备，组织宣传队，开办夜校，发动群众。李范一担心训练班停办，会使一些青年失去学习的机会，于是积极协助陶铸，排除干扰和破坏，办起临时学校。经费困难时，他又通过友人介绍，向中国银行和农民银行贷款，维持临时学校的正常经费开支。

任质斌与汤池　任质斌（1915　1998），新四军第五师代理政委，曾任中共安徽省委书记，中国共产党中央顾问委员会委员。

抗日战争期间，任质斌率领的新四军有许多汤池训练班的学员，任质斌经常带领新四军第五师在汤池周边开展革命活动，对汤池有深厚的感情。

得知在汤池训练班旧址修建鄂中革命烈士纪念馆，1986 年 4 月 21 日，任质斌题词：“发扬汤池训练班的革命精神”。纪念馆大门上“鄂中革命烈士纪念馆”九个字，也是任志斌亲笔。1988 年 10 月 25 日，任质斌专程到汤池，参观访问汤池训练班旧址。

革命烈士

鲁俊清（1901 — 1939）　汤池镇孙段村人。1927 年 3 月参加革命，大革命时期加入中国共产党。参加北伐战争失败后，受共产党组织委托，先后在陈河、汤池等地任小学

鲁俊清（2016年） 李红春 翻拍

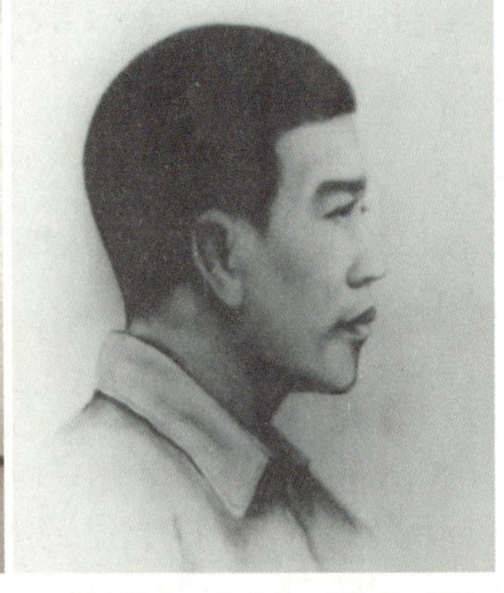
王本道（2016年） 李红春 翻拍

教师，秘密从事地下活动。1938年进汤池训练班学习。结业后到天门、京山、应城等县组织抗日武装，任京山县抗日游击大队大队长。1939年1月，率部在京山县猴子凹与日本侵略军作战，英勇牺牲。

王本道（1919—1941） 汤池镇舒景村人。1938年2月参加革命，1939年入党。曾任应城县第五区中队队长。1941年11月4日，日伪军在杨岭方集扫荡，他率部前往围歼，当场击毙汉奸大队长王福久，缴获战马一匹和手枪一支。日军增援部队赶到，敌我力量悬殊，他急命部队撤退，自己负责掩护，不幸负伤被捕。日军将他拴在马腿上活活踢死。

陈方林（1918—1946） 汤池镇油榨村人。1938年10月参加革命，中共党员，曾任新四军天汉指挥部第四团教导队教导员。作战英勇，屡建战功。1946年，在汉川县城关镇被国民党包围，他坚守阵地，与敌人进行顽强拼搏，壮烈牺牲。

景金发（1954—1979） 汤池镇舒景村人。1970年入伍，任中国人民解放军378团

陈方林（2016年） 李红春 翻拍

景金发（2016年）李红春 翻拍

陈新华（2016 年） 李红春 翻拍

作训参谋，中共党员。1979 年 2 月 17 日，在中越边境自卫还击战中牺牲，所在部队给他追记三等功。

陈新华（1964 — 1984） 汤池镇大陈村人。高中毕业后，1981 年 1 月应征入伍，在昆明军区第二侦察大队当战士。1982 年，任班长。1984 年 5 月，加入中国共产党。不久，随部队开赴云南西畴县，参加中越边境自卫还击战。

12 月 4 日与越军作战时，为掩护战友牺牲。昆明军区第二侦察大队党委给其追记二等功。1985 年 2 月，烈士遗骨回家乡安葬。

1939—2017 年汤池镇革命烈士表

表 5

姓名	性别	籍贯	出生时间	参加革命时间	政治面貌	部别及职务	牺牲时间及地点
鲁俊清	男	汤池镇	1901	1927	中共党员	京应游击大队大队长	1939 年京山猴子凹
唐水清	男	汤池镇	1909	1938	—	京应游击大队战士	1939 年京山猴子凹
景贤德	男	祝墩乡	1915	1938	—	景太乡通信员	1939 年汤池
高良成	男	汤池镇	1919	1938	—	京应游击大队战士	1939 年京山猴子凹
苏文秀	女	汤池镇	—	—	—	—	1939 年
黄典清	男	汤池镇	1913	1936	中共党员	新四军五师六团排长	1940 年黄滩
唐瑞田	男	汤池镇	1921	1938	—	新四军五师四十三团战士	1941 年当阳
景洪国	男	汤池镇	1908	1938	—	新四军五师七团班长	1941 年随县
王本道	男	汤池镇	1919	1938	中共党员	应城五区区中队队长	1941 年杨岭
罗正秀	男	汤池镇	1921	1940	—	应城五区区中队班长	1942 年杨岭
唐海松	男	汤池镇	1924	1940	—	应城五区区中队通信员	1943 年古楼
王祥珍	男	汤池镇	1919	1938	—	地方基干队队长	1943 年汤池
李喜中	男	汤池镇	1918	1942	—	应抗中队队长	1944 年汤池
雷子贤	男	祝墩乡	1924	1940	—	应城五区区中队班长	1944 年汤池

续表 5

姓名	性别	籍贯	出生时间	参加革命时间	政治面貌	部别及职务	牺牲时间及地点
景士杰	男	汤池镇	1904	1941	—	京应指挥部联络员	1945 年耀兴
舒腊苟	男	汤池镇	1921	1939	—	新四军五师五团干事	1945 年黄河
景昌生	男	汤池镇	1922	1940	—	中原军区六团班长	1946 年京山杨家泽
陈方林	男	汤池镇	1918	1938	中共党员	新四军天汉指挥部第四团教导队教导员	1946 年汉川城关镇
刘国才	男	汤池镇	1905	1948	—	担架队队员	1948 年龙集
杨振清	男	汤池镇	1906	1938	—	解放军连长	1948 年应城
舒振华	男	汤池镇	1924	1944	—	京应指挥部副班长	1948 年京山王幺湾
舒芝华	男	汤池镇	1926	1943	—	应城五区中班班长	1948 年杨岭
韩继武	男	汤池镇	1922	1944	—	江汉军区独立旅连长	1949 年大洪山
唐永章	男	汤池镇	1923	1949	—	志愿军九十三团战士	1951 年朝鲜上甘岭
杨太平	男	汤池镇	1938	1952	—	志愿军四〇六团战士	1953 年朝鲜黄海岛
黄火海	男	汤池镇	1940	1960	—	解放军南海舰队政治部保卫处班长	1967 年广东湛江
罗明希	男	湖南醴陵	1933	1950	中共党员	解放军一五六医院政治处副主任	1971 年武汉
景金发	男	汤池镇	1954	1970	中共党员	任中国人民解放军三七八团作训参谋	1984 年中越边境自卫还击战
陈新华	男	汤池镇	1964	1981	中共党员	中国人民解放军昆明军区第二侦察大队班长	1984 年中越边境自卫还击战
李典存	男	汤池镇	1949	1970	中共党员	解放军一五六医院助理员	1985 年汤池

先进人物

1949 年以来，汤池镇 2 人获得省部级劳动模范称号。

1980—2015 年汤池获省部级以上劳动模范表

表 6

姓名	性别	荣誉	授予单位	时间	获荣誉时单位及职务
邱银祥	男	省农业劳动模范	省委、省政府	1983.3	汤池镇陶贾村农民
景凤东	女	省农业劳动模范	省委、省政府	1991.3	汤池镇陶贾村农民

艺文

千年古镇汤池，人文荟萃。文人墨客，竞相磨墨。诗赋美文，灿若星辰。灵泉文化、红色文化，是其杰出代表。本篇遴选部分诗词、楹联、歌谣、碑文、杂记。诗词以诵咏汤池温泉为主轴，兼有其他，古今均有涉猎。楹联优选名人、名著中收录，或有较大影响者。歌谣选取于公开发行具有社会影响力的专刊、专著。将汤池训练班回忆录、通讯等，吟记温泉人、事、物的散文和杂记，以杂文为目汇集。

诗词

汤池

〔楚〕宋玉

硕硕斯池兮盛碧汤，
潺潺神汤兮利稼穑，
稻粱菁菁兮足黎庶，
仓廪盈盈兮兴楚邦。

安州应城玉女汤作

〔唐〕李白

神女殁幽境，汤池流大川。
阴阳结炎炭，造化开灵泉。
池底烁朱火，沙旁歊素烟。
沸珠耀明月，皎镜涵空天。
气浮兰芳满，色涨桃花然。
精览万殊入，潜行七泽连。

愈疾功莫尚，变盈道乃全。
濯濯气清泚，晞发弄潺湲。
散下楚王国，分浇宋玉田。
可以奉巡幸，奈何隔穷偏。
独随朝宗水，赴海输微涓。

汤池

〔明〕华清[①]

赤日浴旸谷，造化开洪炉。
玉泉煮阴火，喷薄骊龙珠。
昔闻有神女，于兹濯肌肤。
至今泉上花，空涵芙蓉蕖。
骊山黪文瑶，蒙彼妖物污。
何如荒山中，游歌续风雩。

汤池

〔明〕陈士元[②]

乘兴远寻丘壑胜，清秋此日浴温泉。
漫疑水底潜通火，自是壶中别有天。
沙畔苔痕斑锈合，云根石溜白虹穿。
尘氛涤却成闲坐，身世浑同太古前。

---

① 华清，应城人，明成化进士。历观政于都察院陕西道，以直道谪苏州府推官（掌理刑名、赞计典）。著《西山集》《东轩集》等。

② 陈士元，应城人，明嘉靖进士。滦州知府。主编《德安郡志》，著《日涉编》十二卷。著书甚丰，刊行二十六种、二百五十二卷。其《归云别集》录入《四库全书》一百一十五卷。

汤池

〔明〕陈扬产[①]

火德龙飞地，荆山鼎沸时。
波臣汤沐罢，愿祝万年期。

应城八景合咏

〔明〕韩维储[②]

轻帆古渡夕阳回，新市林间晓雾开。
渔唱三湖惊鹭起，樵歌五岭逆风来。
温泉玉女鸣仙珮，龙港蛟宫结蚌胎。
欲望崎山烟雨好，听钟须上妙高台。

玉女温泉

〔清〕郭道本[③]

千溪万壑水声凉，惟有温泉独异常。
大地无炉偏自沸，满天霏雪总如汤。
澡身自古名流集，烧药当年玉女忙。
多少诗人留好句，临池把笔快飞觞。

游汤池

〔清〕曹安[④]

求仙问瀛海，湔紫过虞渊。
玉女爱涓洁，晞发遗神泉。
尘鞅暂游息，经此汤池边。
逶迤数十丈，隐现遥相连。

---

① 陈扬产，铜仁人。明万历进士，任应城知县。

② 韩维储，淄川籍人。明代中叶诗人，生平不详。

③ 郭道本，应城人。清朝，由学正加同知衔，未赴任。

④ 曹安，应城人。生平不详。

明珠涌地出，爝火涵空烟。
藻经百沸绿，鱼忘釜中天。
既熟客厨爨，复灌耕耨田。
万化归洪炉，灵幻不能传。
青莲冀巡幸，慨惜此穷偏。
吾将扫蓬径，百宝浴世间。

汤池

〔清〕殷季思①

涢溠连七泽，襟带随蒲墟。
兹地尤灵异，沸泉鼎不如。
阳燧爇深穴，流膏敷广渠。
碧草叶青青，素鳞影徐徐。
允堪备望幸，万汇沾恩渭。
道旁有老农，忻悦复唏嘘。
献曝固寸心，奈此荒僻居。
前月节使来，供张十日馀。
骑从虽云减，瞻候谁敢疏。
邮符日夜驰，贵卖愁鸡猪。
大僚犹尔尔，矧克奉銮舆。
老农或过言，聊用存诸书。

玉女池口占二绝

〔清〕李滋生②

风和日暖水痕香，洗却红尘半日忙。
莫道仙池泉底热，原来人世好炎凉。

---

① 殷季思，琅琊人。生平不详。
② 李滋生，应城人。任郡守，生平不详。

昔闻儒子咏沧浪，今见沧浪喜欲狂。
一派流泉清见底，濯缨濯足自参详。

浴汤池

〔清〕傅鹤祥[①]

跋涉身劳瘁，寻源思涤尘。
迷漫疑紫雾，澄澈涌明珍。
泉暖滋田绿，风和拂柳新。
临池一解带，欲叩地灵因。

次李郡伯浴汤池韵

〔清〕齐国政[②]

刺史行时令，阳春遍野来。
褰帷章甫整，清路陌尘开。
龙涌灵泉水，鱼吞沸釜苔。
趋承惭下吏，弱质得深栽。

玉女池奉和李郡伯韵

〔清〕齐国政

名泉注暖欲生香，若个乾坤釜底藏。
丹灶本同天地老，寒暄不似世炎凉。

---

① 傅鹤祥，汝南人。清德安知府。
② 齐国政，上元人。清康熙时，由岁贡任应城知县。

次傅郡伯浴温泉韵

〔清〕齐国政

此日随车雨，疑清风伯尘。
地灵方效润，玉女不藏珍。
鼎沸龙泉热，珠翻蟹眼新。
太虚今作赋，野老告前因。

次傅郡伯浴汤池元韵

〔清〕万年观[①]

一路晴光晓，星标不染尘。
澡身期善世，浴德袭全珍。
水暖沙泥润，春深草木新。
四郊人乐处，歌颂岂无因。

游汤池

〔清〕李可寀[②]

澄流泉外碧涵天，泉里熬波沸欲然。
适性游鳞何历历，舍生细草自芊芊。
除疴不羡丹砂液，记异曾闻玉女仙。
拟扫莓苔题一咏，几回搁笔为青莲。

玉女温泉

〔清〕易永元[③]

潺潺珠沸气如烟，泉底何年一炬然。
莫讶乾坤成铸错，神工早在燧人前。

---

① 万年观，清安陆人。生平不详。
② 李可寀，长山举人。清康熙任应城知县，修《应城县志》。
③ 易永元，应城人。清康熙进士，任福建长泰知县。

玉女汤

〔清〕程大中[①]

朱火沸潜籁，素烟生野塘。
神绩郁天造，云是玉女汤。
玉女此飞翥，下视已千霜。
偶然脱环佩，至今吐光芒。
往往愈消渴，一勺如琼浆。
火井既幻化，温洛徒张皇。
兹泉尤灵异，胡为侧穷荒。
丹砂如可采，吾欲褰衣裳。

温泉

〔清〕易垣[②]

荧惑化儿童，
手执犀鞭骑赤龙，
游戏蒲城西，
童子上天龙潜溪。
夜半霹雳抉地起，
喷珠拥出丹池水。
泉底龙眠几千秋，
至今鼎沸绀珠蕊。
可以兴羸，
可以痊疴；
可适鱼性，
可灌嘉禾。
田一岁而三获，

① 程大中，应城人。初，由明通榜（会试落榜者，于正榜外别出一榜，以学正、教谕任用）官蕲州学正。清乾隆年间（1736—1795），中进士，授清溪知县。

② 易垣，应城人。清乾隆拔贡。著《闲吟稿》《东游草》《明史偶咏》。

溥利济之春和。
地舆编，水经注，
所载天下温泉数十处；
吾邑之泉独阙焉，
岂皆未读青莲句。
冰雪满林端，
甫近泉畔不知寒。
三至三休沐，
如浴咸池游旸谷。
仰招玉女紫霞边，
唤醒赤龙出林泉。
同骑龙背，
东游访谪仙。

温泉

〔清〕孙甡[①]

平野流泉三道开，谁从釜底认残灰。
也知玉女荒唐甚，修禊年年上巳来。

绝句

〔清〕奚大壮[②]

万斛流泉逐处春，从来有热不因人。
源头活泼波光霭，天使吾曹好洁身。

① 孙甡，应城人。清乾隆举人，主讲本邑书院。理主程朱，师宗王孟，著《林庵诗抄》。选兴国学正，未任卒。

② 奚大壮，四川蓬溪人，进士。三次任应城知县。主修《应城县志》（俗称奚志、嘉庆志）。

浪淘沙·玉女温泉

〔清〕万瑞琉[①]

桃李满仙津，玉女遗真。何年罗袜浣纤尘？剩有温泉流不竭，赠予游人。
禊事往来频，芍果兰因。春风宝马曳香轮。十里路中花似锦，斗遍芳辰。

玉女温泉

〔清〕郭成宪[②]

闻说当年玉女，依稀谈笑风生。
大地无炉泉暖，澡身乐在其中。

［以上古诗词见《光绪应城志》（校注整理本）］

汤池训练班五十周年纪念

蔡斯烈[③]

汤训逝波五十冬，挥戈策马遍鄂中。
白头异地同回首，猎猎红旗念陶公。

1940 年蔡斯烈在天门（2015 年） 李金 翻拍

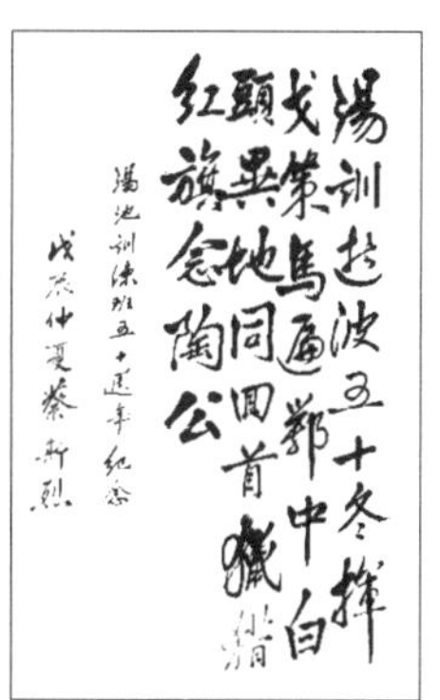

蔡斯烈题诗（2015 年） 李金 翻拍

① 万瑞琉，应城人。清同治优贡，朝考一等。签浙江知县，因亲老改陕西，未几丁忧，归卒。著《古峰诗集》十卷。

② 郭成宪，应城人。郭道本之子，科场不捷。著《经济学详解》。

③ 蔡斯烈，应城人，原名蔡松荣。由董必武批准加入中国共产党，是陶铸最早发展的一批党员之一。抗战时期，蔡斯烈从八条枪开始，在应城扛起了第一支抗日旗帜，先后任鄂豫独立游击支队三团团长，鄂豫挺进纵队五团团长，新四军五师三十九团团长，鄂豫边区第二军分区副司令员、司令员。

楹联

汤池古楹联

漫凝水底潜通火
自是壶中别有天

（罗志之舆地）〔明〕陈士元

沙畔苔痕斑绣合
云根石溜白虹穿

（罗志之舆地）〔明〕陈士元

火德龙飞地
荆山鼎沸时

（雍正版《应城县志》）〔明〕陈扬产

气蒸梦泽涵空镜
流润桑田长异禾

（罗志之舆地）〔清〕杨宗虞

适性游鳞何历历，含生细草自芊芊
除疴不羡丹砂液，记异曾闻玉女仙

（罗志之舆地）〔清〕李可寀

朱火沸潜籁
素烟生野塘

（罗志之舆地）〔清〕程大忠

迷漫疑紫雾，澄澈涌明珍
泉暖滋田绿，风和拂柳新

（罗志之舆地）〔清〕傅鹤祥

龙涌灵泉水，鱼吞沸釜苔
鼎沸龙泉热，珠翻蟹眼新

（罗志之舆地）〔清〕齐国政

玉液滋灵穴，兰汤敞暮烟
一帘澄皓魂，匹练挂长阡

（雍正版《应城县志》）〔清〕吴元馨

地釜凭谁造，灵源何处来
丹珠玉女转，扃路石龙开

（罗志之舆地）〔清〕李滋生

无垢寒温何处觅，有疴药石不居功
车轮高驻花林外，鱼鬣频摇锦浪中

（罗志之舆地）〔清〕齐以治

人世任他分冷暖，此泉终不判寒暄
芳池不凿形如釜，郁气长蒸王若烟

（罗志之舆地）〔清〕奚大壮

灵池炎歊潜行乎楚国
温泉渊静奋发乎京山

（罗志之舆地）〔清〕王承禧　罗缃[①]

族谱联

豪客奢靡，易尽千金产。无赖徒，专习赌博
富翁放纵，难留数顷田。有志士，惟亲读耕

汤池李氏族谱

大地无炉偏自沸
满天霏雪总如汤

郭氏谱　〔清〕郭道本

门联

十字街头休作梦
五湖水畔好求鱼

夏家庙联　〔清〕胡吉武

富文标榜，上承六桂
元老壮猷，远绍一山

汤池方氏宗祠联

倚马诗名传宇宙
骂贼正气壮山河

汤池方氏宗祠联

舜日评说哪般物华天宝数甲鱼池日上五味
尧天试问何处人杰地灵惟玉女汤天下一游

汤池镇人民政府大门对联

---

① 王承禧，罗缃，清末应城人。

汤池镇政府大门对联（2015 年）

李红春　摄

歌谣

汤池温泉

作词　刘碧峰[①]

有一个美丽的地方，

---

① 刘碧峰，应城人。孝感市作家协会副主席。

从鄂中向天下传扬。
玉女的传说似仙似幻，
李白的诗意醉人心房。
亚洲名泉的美誉称羡世界，
文化风情的沐浴千年留香。
你是那么热烈那么奔放，
让激情在我们心里生长。
啊，汤池温泉，想起你，
我的心中就充满想望。

有一个美丽的地方，
从鄂中向天下传扬。
陶铸的故事如歌如泣，
陈景润之恋令人神往。
山野情趣的快乐传遍荆楚，
现代休闲的风尚谱写华章。
你是那么圣洁那么吉祥，
让柔情在我们心里生长。
啊，汤池温泉，想起你，
我的心中就充满阳光。

汤池流大川，
造化开灵泉。
一水洗尽尘俗事，
桃花兰草留余芳。

童养媳苦

板凳拖几拖，姐妹们你请坐，
听我来唱个恶婆歌。

小奴的年纪小，老子死得早。
十二三岁就往婆屋里交。

交去了两三载，寸纱都未买。
破衣烂衫像流海。

六月天气热，斗笠都冇得，
浑身晒得像锅铁。

冬天纺棉纱，不给鞋和袜，
脚手皱得像麦粑。

夜晚不点灯，线子纺半斤，
深更半夜车才停。

睡到鸡子叫，喊起来喂牛草。
小奴的瞌睡不得了。

小奴把婆叫，心想回娘家。
朝朝每日想起我的妈。

“女人胡乱说，想走走不脱，
么事把你磨不过？”

“婆婆莫发火，冇说磨的话，
再大的女儿也想娘家。”

“女人莫伤心，对你来实言，

这回准你玩三天。”

梳头来打扮，拉起衣襟看，

小奴的身上磨瘦一大半。

讲唱者：舒培生 搜集者：冯丹 1980 年采录于应城汤池

（录于《孝感地区歌谣集》，中国民间文艺出版社，1989 年）

蝶恋花·应城汤池余韵

1=♭E（F）4/4 2/4

中速稍慢 抒情地

张少林 词

赵 飞 曲

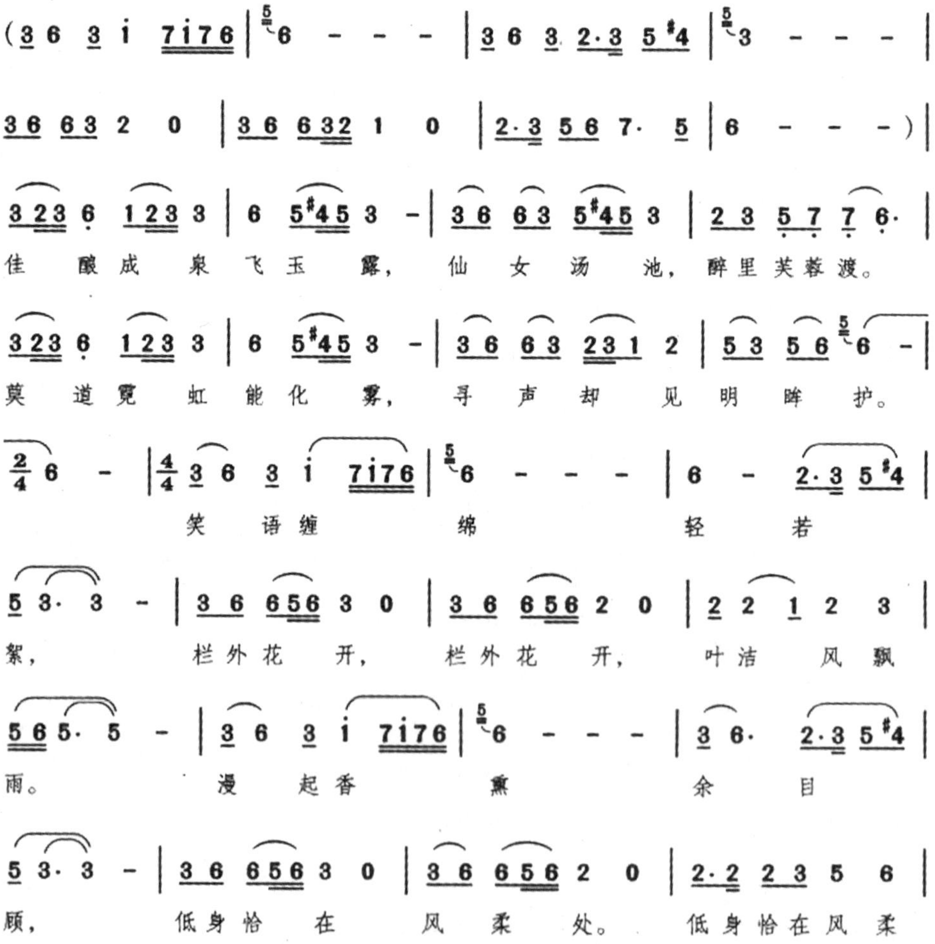

(3 6 3 i 7i76 | 6 - - - | 3 6 3 2·3 5 #4 | 3 - - - |

36 63 2 0 | 36 632 1 0 | 2·3 56 7· 5 | 6 - - -) |

323 6 123 3 | 6 5#45 3 - | 36 63 5#45 3 | 23 57 7 6· |

佳 酿 成 泉 飞 玉 露， 仙 女 汤 池， 醉 里 芙 蓉 渡。

323 6 123 3 | 6 5#45 3 - | 36 63 231 2 | 53 56 6 - |

莫 道 霓 虹 能 化 雾， 寻 声 却 见 明 眸 护。

2/4 6 - | 4/4 3 6 3 i 7i76 | 6 - - - | 6 - 2·3 5 #4 |

笑 语 缠 绵 轻 若

5 3· 3 - | 3 6 656 3 0 | 3 6 656 2 0 | 2 2 1 2 3 |

絮， 栏 外 花 开， 栏 外 花 开， 叶 洁 风 飘

56 5· 5 - | 3 6 3 i 7i76 | 6 - - - | 3 6· 2·3 5 #4 |

雨。 漫 起 香 熏 余 目

5 3· 3 - | 3 6 656 3 0 | 3 6 656 2 0 | 2·2 23 5 6 |

顾， 低 身 恰 在 风 柔 处。 低 身 恰 在 风 柔

6
7 - - 7 5 | 1. 6 - - - :‖ 2. 6 - - - | 6 - - 0 ‖
处， 风柔 处。 处。

（录于《灵秀湖北诗词歌曲集》，湖北人民出版社，2015 年）

碑文

修建倏馆[①]碑记

〔清〕齐国政

造物于人，有益即有损。汤池之在应城，开辟以来，莫知其始，混混溢出，无分冬夏，一望平畴，夏麦秋禾皆为所灌。即逢旱干，亦得借以供车戽之用，此自然之利也。相传此池为玉女温泉，堪以疗疾疡，疠痈肿，浴之即瘥[②]。而远近官民及将卒贵介戚属，或日数至，或经月不去。就以养疴，名曰坐汤。行李既繁，车马杂遝[③]，除馆于居民之舍，垣卑庐浅，昼夜干陬[④]，极为疲苦，此因之有损者矣。岁庚午，余亲按其地，去城西南五十里，平冈曲阜，有石如鱼脊，长五丈许。蜿蜒丰突者，土人呼为玉女冢云，冢前磐石如釜，容可数十石，其中泉水若鼎之沸，手不可探。而荇藻青翠，缤纷其底。上有云气掩盖，所谓头池是也。泉分左右，溢流而出。右出西南，环折于畈；左出东南，入民舍土磧中。复涌一泉，周十余丈，深二尺余，亦能熟物，居人就以屠宰，所谓二池是也。池穿六窦[⑤]，各径二三丈不等，引水注之，皆穴地为池，覆庐其上，以蔽浴者，

① 倏馆：旅馆。
② 瘥：病愈。
③ 杂遝：杂沓。
④ 干陬：巡逻击捕。
⑤ 窦：孔洞。

是即疗疾之汤矣。头池分流，合抱之基，则为圣德寺，寺建于明万历癸酉（注：1573年），佛庐前后，凡十数楹，其西尽界田畔，东则依民舍之汤池。康熙九年（注：1670年），前令樊君，曾于殿庭之东建候馆数椽，至是尽圮，无有存者。余今在任斯地，不忍以造物之利，而听斯民之共苦之也。遂仍馆之旧址，为两架三间，南向，复于馆旁沿池为两架三间，西向，于引水注池之处，分划之。西南三池，官庐其二，民庐其一。正东三池庐，为女池者二，外池者一。而官庐中，各设卧具，分门别户，以待贵戚宾客眷属。其舆马仆从则分驻本寺，求糗粮刍秣。今而后非本地监司节使，粗得免除馆干陬之劳也。至二池泉水沸涌，恐有老弱醉游失足其中，更于沿岸置布回栏，止留一缺，可拾级而下。仍分其流径。使南注经市溉田，为汤池港与穿窦引注之六池不杂焉。则六池无腥秽之虑，所以为补救之术，俾造物之数，有益无损者，如此。

［此文源于《光绪应城志》（校注整理本）］

杂文

农村工作杂记——到“民间去”之前

作者：辛人[①]

这一只褴褛的小汽船，驮着我们四五十位青年男女，最初的一天，从汉口出发还驶得满有精力，可是第二天它就筋疲力尽，像一只快倒下去的病马，任你再加鞭子也走不顺快了。因为这一段航路都是淤浅的湖沼，汽船勉强地走进几步，就要搁浅。于是船里的伙计就跑到船尾乱嚷：“大家站到船头去！”如果旅客都站到船头而汽船还不能动弹时，船里的伙计就招呼我们一二十个同学，跑上甲板，大家齐一步调，一声呐喊，从左舷跑到右舷，又从右舷跑到左舷，企图用这样左右变动的重量，使汽船能动弹倾斜，不至老

① 文章署名辛人，实名陈辛仁，汤池训练班教员。

被淤泥吸住，而后推进机才使船身后退而另觅途径前进。这样经过了七八次，直到天黑的时候，汽船才停到一处黑蒙蒙的市镇近旁。

“……我的家，在东北的松花江……那里有森林煤矿……还有那满山遍野的大豆高粱……九一八,九一八，从那个悲惨的时候……”男女同学们悲壮的歌声逐渐被喧嚣的叫喊淹没了。有几个从上海逃难来的男女老幼，正在跟我们队里的S君谈话，他们都是言语不同的外乡人，需要我们帮忙他们。时代的鞭子，把我们打出了共同的叫喊。是的，我们都背负着一个命运。昨晚船上的另外两个难民（他们胸前有一条小白布条，写明地方和姓名）就已经和同学们谈过他们从无锡逃出来的悲惨遭遇。而我们这四五十位知识分子呢，都是北平北大、师大、东京帝大、武大、金大各校的大学生，几乎各省的籍贯都有，而且一大半以上，故乡都已沦陷入敌手。

码头上（皂市码头——编者注）黑压压地站着四五百个老百姓，因为这条航路刚刚开辟不久，地方民众对这“洋船”还抱着莫大的兴趣和新奇。这一天晚上我们借住在一家小制米厂里，饱尝了四周米谷的芳香。次日我们才步行到XX（汤池——编者注），这是我们的目的地，我们将在这里作两个礼拜的集体训练。蒋委员长在南京失陷后告国民书里说：“今后决胜之中心，不在少数之城市，而在广大之乡村与强固之民心。”在这种正确的指示之下，加上一两位地方领袖（指石瑛、李范一 ——编者注）的协助，我们切切实实地来实现“动员知识分子到民间去”的口号。唤起广大的工农群众，发展农业生产，组织武装游击队自卫队，为民族解放流最后一滴血！

除了我们这四五十位同学之外，还有本地上几位青年，都愿意参加在一起训练。我们自己定了一个名目：农村工作训练班。我们这一批是第一期，以后第二期，第三期……一直的继续下来，只要客观条件的准许。

日常的生活，尽量地趋向军事化，晚上分班实弹放哨。少数同学起初有点过不惯。但是，“同学们！”指导员T君（指陶铸——编者注）诚恳地说：“我们不是形式主义者，也不是清教徒，我们只是为着锻炼我们的意志身体；我们的生活要朴素单纯，我们的工作要复杂丰富。”

于是，每天的早晨，天还没有亮的六时光景，大家都被集合的哨子引出来站在旗杆的面前，举行升旗礼，照例地唱一遍“青天白日满地红”的歌，照例的高呼口号，照例的跑步、早操。但是谁也不觉得这是形式主义了，那一面小小的国旗，在各种思想不同的同学们心里，唤起一种共同的空前地神圣尊严的敬意。特别是有一天我们被请去参加壮丁保长的扩大纪念周，我们的T君（指陶铸——编者注）在台上用着感动得战颤的语调说："……我再没有比今天更兴奋了。整整的九年，我没有参加过纪念周的仪式，但是残暴的敌人的进攻，使我们民族革命的统一战线再度形成了……"每个人都屏息着，被这热烈诚挚的言语，唤起了内战时代痛苦的回忆，鼓起了民族解放的热血和新生的欢欣。

集体训练是采取报告、演讲和讨论的方式。大体分为理论、方法、军事三方面。理论方面，包括目前政治军事形势的分析，中国民族革命的性质，民族统一战线的诸问题，中国农村的性质和现状；方法方面，包括组织民众，宣传民众的诸问题；军事方面，注重游击战术的研究。最后那一天，联合本地壮丁队，做了一次游击战的夜袭演习。吃过晚饭，天开始黑了，大家依班集合，今天得到敌人到达距此六、七里的某村的情报，我们担负了消灭它的任务。

"同志们，大家都跳几下，看看身上有什么能响亮的东西，都别带在身上。"大队长是XX（抗大——编者注）的卒业生C君，他有不少实际的游击战争经验。"不要声响，跌倒了绝对不要呻吟。"于是大队人员，循着小径潜行向敌人的占据地点。夜色黑蒙蒙的也没有星和月，寒冷的东风淹没了我们低微的脚步声。侦探来报告敌人就在河对面的小村落里，我们的大队马上分成三小队分头包围上去。大家匍匐着，爬过荆棘丛生的高岗，涉过崎岖危险的河道，有时候急速地溜下堤下的莽丛（有一个带枪的壮丁跌倒了），有时飞快地驶过田圃。一声冲锋号发出后，机关枪和步枪就冲进村落里，第一小队和第三小队都按时冲到了，只有第二小队没赶得到。原来第二小队的队长、哨兵都不经心，找不到可以渡河的地点。他们受了严重的批评。在归途上，大家带着湿凉凉的汗液，兴高采烈地唱着："走上前去，我们抗日的游击队，我们是老百姓的军队，老百姓的武装……"

（原载《新华日报》，1938年1月29日、31日）

一个新的乡村合作训练班

白桃兄：[①]

别后即乘小轮赴长江埠，第二日抵汤池。

这里现在已经开课，同学有一百多人，共分四中队，办法和内容都和普遍学校有很多不同，我看了后，深深地感觉到这不仅是一个合作社工作人员的训练中心，而且也是一个战时教育的实验场所。我们过去对于战时教育的工作，大部分还太偏重于理论上的阐发，有许多实际问题，虽然也曾注意到，但没有很好地解决，这里却已在事实上渐渐为我们解答了。现在特地把我在这几天里的观感所得，提出几点来告诉你们和战时教育的读者诸君，作为一个参考。

我所感到的第一个问题，就是学校管理问题。

普遍学校的管理方法大致有以下两种倾向：1. 极端的集中，2. 极端的散漫。

这两种现象都是不对的，而且时常要走到一路去。过分专制的学校总只能专制到表面，他不能注意学生的意见和各人的特性，结果学生除了勉强服从行政上的命令以外，在生活上还要各走各的路，弄到无法管理。去年有许多学校完全不顾学生的要求，硬把学生关在学校里读死书，结果反而弄得一无办法，就是这个缘故。最近有人因为学生太不听话了，主张用绝对的军事管理方法来束缚住学生的自由，我想其前途一定比过去还要可悲。另外过于放松管理，也不会有好结果，太放任了，一定没有组织，大家的意见不可能集中起来，结果必然会由少数人进行垄断。有些团体组织很松懈，每个团员都可以自由行动，这看来是很自由，可是他们处理问题，大家都不关心，往往总是由一二个领袖独断独行。

所以管理上极端的集中，必然会发展成只有表面的集中、实质的散漫；管理上极端的散漫，必然会发展成只有表面的自由，实质的独断。

现在在这个训练班里，这一点已大大改善了，它最主要的特点是正确执行了民主集中制，即执行了民主的讨论，集中的领导。

这里在学校行政方面有一个校务会议，每晨举行一次。由校务会议之下又有一个总队部和学术指导员。总队部里包含一个总队长，一个总队副，四个中队长，都由学校派定。队长和学术指导员经常和学生在一起，所以在管理方面比任何学校都严密。但这样

① 白桃即戴白韬，《战时教育》旬刊主编。

是不是专制一切呢？不，在学生方面另外还有一个自己选举的生活管理委员会，这个委员会领导着几个小组（每晚举行一次小组会），并组织了工作突击队、学习检查队、歌咏队、话剧队等小单位。学校当局只作决定，不下命令，决定了以后先通过生活管理委员会传到每晚的小组会里去讨论，讨论过了就由学生自动执行；讨论中有了问题就带上来交给第二天早晨的校务会议重新研究决定。

因为学校与学生的关系密切，所以双方很少有意见的出入。全校的生活，始终是很紧张、很圆满地进行着，消除了普遍学校那种格格不入的现象。

这种办法既不是独裁的，也不是放任的，我觉得很值得研究和推广。几年前我曾说过：学习也和蒸汽机一样，只有把水加热，使水化成蒸汽，再把压力加大，逼着它从阀门冲出去，才会发生巨大的力量，推动机器做工。管理学生也好像如此，我们一定要尽量发挥他们的自主活动能力，同时又要给他们一个适当的范围，使他们不至于产生散漫的毛病。

这里还有一个特点，就是白天的学习和晚上的小组讨论结合得很好。过去的学校只上课不组织学生讨论，有些团体的学习又只有讨论没有系统的讲授。这里则用小组会克服了这个弱点。小组会一方面是讨论一般的生活问题和进行自我批评，另一方面则检查白天的功课。白天的学习有什么不懂的，在小组会里可以提出来，由大家一齐来讨论，或由出席小组的教员加以解答。教员讲课时如有方法不好，说明不够的地方，在小组会里也可以自由地提出来进行批评讨论，再由出席小组会的教员带回第二天早晨的校务会议，设法加以改正和补救。

这种办法不仅对于学生的学习有很大的帮助，而且对于教员也有很好的帮助。有好几天的课，我的说明都太抽象，而且不十分完全，可是在小组会上却反映出了好些生动活泼的实例，不仅使我的解说方法通俗了几倍，而且使我自己的理解也更深入了一层。所以我觉得这也是值得我们提倡的一件事。

此外，还有一些活动，这里也创造了很好的榜样。譬如早操，普通学校里只以锻炼身体为目的，做做柔软体操跑跑步就完了，这里则将它和军事训练打成一片了，主要的是野外演习，内容包括集合、散开、利用地形冲锋等等。这也是我们应该积极推行的。我曾想过，有时我们要把某些东西完全废除掉，改成新的东西，往往很不容易。假使运用旧的东西，使它发生质的变化，也未尝不能完成新的任务。改造学校的办法多得很，能彻底地改造当然更好，否则在旧的形式中充实以新的内容也还是一个办法。如果空喊改造，而实际上又格格不入，那就反而达不到教育改造运动的目的。关于这一点，我认为我们还应有更多的研究，你的意见如何？

要说的话多得很，但已太长了，不久，我可以回来一次，当面再谈。

匆匆敬礼！

季平[①]

1938年2月下旬于汤池合作训练班

（原载于《战时教育》旬刊第二卷第五期，1938年3月15日出版）

回顾与期望

口述 曾志

汤池训练班是一个很有意义的训练班。当时从平、津、沪、宁等地来的一些流亡学生，集中起来，在那里学习。学习的主要目的是抗战，准备打游击。

这些学员有的是党员，有的是进步青年。现在健在的老同志，领导干部比较多。如吉林的刘慈恺（省人大常委会副主任），就是汤池训练班的，他是北平大学学生，是个党员。现在全国总工会的顾大椿（全总副主席），也是汤池训练班的，北京大学学生，也是党员。交通部副部长潘琪，武汉大学学生，他那时是地下党员哩。雍文涛（原林业部部长）是汤池训练班的教员。还有个汪心一，在武汉科学院当副院长，上海同济大学学生。还有个蔡承祖，清华大学学生，也是党员。总而言之，汤池训练班的学员，现在全国各地都有。

当时，在日寇还没有来之前，从训练班出去的学员，就分配到湖北各县工作，名称叫农村合作指导小组。一个组几个人，这个小组实际上是我们准备在敌人来了后，组织武装力量打游击的。所以，后来这个训练班的学员，在鄂中，在鄂西北，在鄂西都是开辟工作的骨干。有个人叫马识途，写了一本书叫《清江壮歌》，就是纪念他的爱人的。他的爱人刘惠馨，南京中央大学学生，是汤池训练班的学员。她在鄂西被国民党反动派逮捕后，被残酷杀害了。

汤池训练班是有纪念意义的。但是纪念的不能只是陶铸同志一人。纪念汤池训练班，要把它的沿革，它的作用和意义，有些什么样的人，都弄清楚。去世了的人，要挂

① 季平，即刘季平，汤池训练班教员，曾参与《战时教育》旬刊的编辑工作。

一张像在那里，留个纪念；健在的一些同志，也可以挂个小点的像。因此要当个重要事情去调查研究，去访问老同志，把资料收集起来，作为传统教育的教材。我还记得有个须浩风，国家标准局原党组副书记，现已退下来了，住在北京。在北京还有一些人是汤池训练班的。如陈辛仁（文化部顾问），从日本留学回国后，到汤池训练班任过教。刘顺元（原江苏省委书记）是和陶铸同志一起去汤池的，他现在南京。

当时领导汤池训练班的，陶铸同志是其中之一，关于他的资料，我也记不清，你们去搜集吧。他在鄂中打游击，我在鄂西北，根本不在一起。后来到延安的时候，我们才到一起。那时，我们从汤池出来到武汉，后来到宜昌。武汉失守后，他到鄂中去了，我就去鄂西北。在荆（门）、当（阳）、远（安）一带工作。因此，陶铸同志在鄂中的情况，我不知道。在汤池训练班，他先去，我后去，时间不长，只有几个月。我看了好多材料，别人记忆的比我多得多。这方面我就讲不出什么东西来，也不是一下子想得清楚，讲得清楚的。

陶铸同志居室的用物，有一个床，一个小桌子，两个凳子，简单得很，那个时候能有什么呢？用的灯记不清楚了，如不是电灯，就是油灯，查问一下吧。李家庙（在汤池北一华里处）是汤池训练班的所在地，现在怎么样？这个地方如不能恢复，可弄个图在那里，让人们知道它过去的历史也好嘛。

我们去汤池以前，许子威同志就在那个地方，以后也在那里，他最清楚、最熟悉。

1938 年陶铸（左）和曾志在汤池（2016 年） 李金 摄

1947 年陶铸（前排中）蔡斯烈（后排中）等合影（2014 年） 李金 翻拍

他现在的记忆还可以吧？李范一先生，在国民党里面也是很不容易的，他有骨气，对国民党不满，就不做官。他到汤池搞个农场，想实业救国，那能救得了吗？他在美国十几年，那时美国有实业派。李先生办的农场，种田、养猪、种菜，有米厂、纺织厂，不外赚点钱就是了。他和武汉的周苍柏不一样，周是中国银行的董事，买了东湖的大片土地，种了许多果树，后来都交出来了。有个歌唱家叫周小燕，就是他的女儿。杨显东、孙耀华是更进步一些的人士。杨显东爱国，从美国回来，抗战后一直跟我们搞救济署的工作，他现在中国农学会。要做好党史资料征集工作，我希望你们多访问些老同志。

建议你们把汤池好好规划一下。除了作为传统教育的场所外，在经济建设上，要搞些有经济价值的东西，既有收入，又有风景，让人在那里参观游览，受到一些教育。湖北的温泉不算多嘛，汤池的泉水好像是黄色的，有股气味。记得汤池南面有湖。你们县里土地那么多，湖里可以种些经济作物，如莲藕、菱角、养鱼。我们以前在那里时，野菱角多得很啦，我们坐着小船，随便去捞起来吃。鱼也多极了，鲤鱼、黑鱼很便宜，几个铜板一斤。你们可以勘测一下，利用和发展你们县的优势和特产，加快经济建设。现在武汉和别的地方，甲鱼是很贵的，乌龟、鳝鱼也很贵。那时，从长江埠到皂市一带，都产这些东西，特别便宜。

汤池那里的森林怎么样？像许子威是搞农业的，还有个徐觉非，是搞农业机械的，他们都是金陵大学的。大革命失败后，他们回到应城了。现在他们都在湖北，可以多问问他们嘛。

对于你们编辑的资料（《应城烽火》），我提不出什么意见。你们找蔡承祖、郑绍文等同志征求意见。你们找过蔡斯烈没有？他休息了，有时间考虑这些事。他有文化，懂军事，有地方工作的经验，还有工业方面的知识，他家不就是搞膏盐矿吗？可多多访问他。他的眼睛不大管用了，但脑子还可以，找他好好谈谈。

李范一先生在汤池时，有些爱国人士去过。你们了解一下，有些什么知名人士去过？有个刘季平（教育部原副部长），他在汤池训练班任过教，是个有学问的人。还有些老先生，有的已去世了。石瑛在湖北省任建设厅长时，建设厅有个秘书姓李，叫李达可吧？这个人还是不错的。粉碎“四人帮”后，他住在河北的丰台，夫妻俩老都七十多岁了。你们可以问问孙耀华，打听一下他的下落。他们只有一个儿子，不在一起，想调到身边。他们是湖北人，想回家乡，不知他们回去没有？搞农村合作训练班，他是具体负责的，董老和石瑛商量好后，做具体工作就是这个姓李的。这样的老先生，是民主人士，爱国人士。以前我们的统战工作面就那么广，现在的统一战线要囊括一切，孔夫子的后代也要被选为政协委员嘛。像李达可这样的人，我们也应该关心关心。

（此文系根据 1984 年 5 月 18 日曾志接受访问的谈话录音整理，夏长林整理）

忆汤池训练班

口述　许子威

汤池合作训练班是在七七事变后，我们党在湖北应城汤池创办的一所培养抗日军政干部的革命学校。它为我党在鄂中敌后建立抗日根据地和发展抗日武装，培养了大批骨干。鄂中的抗日烽火就是从这里点燃的。

1937 年 9 月，董必武由延安来到湖北，以中国共产党党代表的公开身份，开展抗日民族统一战线工作。董必武是中国共产党创始人之一，也是湖北辛亥革命元老，在湖北省各方面的关系很多。当时，石瑛是国民党湖北省建设厅厅长兼合作委员会主任，李范一任建设厅农村合作委员会委员，也是汤池生产供销合作社的创办人。我当时是合作社经理，李、石两人都参加过辛亥革命，对董老十分熟识，非常敬重。石瑛因为看到国民党训练出来的合作指导员只会做官，不会办事，希望共产党帮助训练一批农村合作指导员。我们党考虑这正是为党培养抗日干部的好机会，于是由董老出面，对石瑛等人的想法表示支持。经杨显东、孙耀华等进步人士“穿针引线”，很快达成训练班的协议。各方虽然对训练班的性质、内容、任务等理解不完全相同，但大目标是统一在“团结抗战”的旗帜下。协议达成之后，党即派陶铸公开作为共产党的代表，到汤池领导训练班的工作。就这样，一个由共产党实际领导的，以国共合作的形式开办的，为共产党培训抗日军政干部的抗大式革命学校，在汤池诞生了。

1937 年 12 月中旬的一天，一只小火轮缓缓驶离汉口王家巷码头，沿汉江溯水而上。船上的乘客大都是汤池训练班的第一期学员。他们都是东北、华北等地的流亡学生和武汉、南京、上海等地的大学生。是党通过外围组织动员，然后经过考试、挑选、输送来的。有的还是“一二・九”学生运动的领导和骨干。

那天，在汤池澡塘前的草地上，李范一先生和我正在恭候陶铸和第一期学员的到来。这些天，我们忙不迭地为训练班师生员工安排食、宿、课堂、操场……各项事务，如同过年一样忙碌和兴奋。李范一先生此时作为汤池训练班的主任，也感到十分快意。

陶铸和学员们终于来了。我们将陶铸安排在浴室左侧一间小房里住下，同李范一先生毗邻。当晚，就在这间屋内，陶铸召集训练班学员中的党员开会，布置开学工作。会后，我找陶铸单独汇报。陶铸认真听取了我的汇报，热情诚恳地鼓励我继续努力为党工作，并交给我两项任务：一、按照党的统一战线政策，认真同李范一先生搞好团结；二、搞好合作社一切日常事务。

训练班开学后的第一天黎明，在凛冽的寒风里，蜷伏在洼地里的村庄还沉浸在晨梦中，训练班学员驻地——莞子集旁李家庙的高岗上，隐隐约约出现了一支队伍在晨雾中跑步，随着东方渐渐发白，90 多名学员组成的队列，人物的轮廓也逐渐清晰起来。跑在队伍最前面的正是陶铸。这些年轻人，两天的旅途奔波吃了苦头，头一夜在铺着稻草的地铺上美美地睡了一觉，早已消除了疲劳。只见他（她）们有的穿着大褂、有的穿着旗袍、有的穿对襟短袄、也有的穿绒线衣、戴呢帽……穿着虽然是形形色色，却精神振奋，步伐坚定，生龙活虎，就连排尾最小的女同学也不掉队。训练班紧张的学习生活，就从这里起步。从此，训练班的学员就这样迎接着每一个早晨。

训练班的教员全部是由驻武汉八路军办事处介绍来的。他们中间有刘顺元、刘季平、刘白羽、李华、雍文涛、曾志、黄松龄、陈辛人等同志。陶铸在汤池负责党内外的全面工作，还经常亲自给学员讲课，他讲课时，不仅声音洪亮，而且含意深刻，引人深思，很受学员欢迎。

在为期一个月的训练中，学员们以只争朝夕的革命精神，努力学习马列主义和党的基本理论，钻研党的抗日民族统一战线政策，刻苦掌握抗日战争的游击战术，以及如何从事党的建设和发动、组织群众等等工作，同时也兼学一点合作社章程业务。

陶铸要求大家要理论联系实际，学以致用。对于必须搞清楚的重大问题，经常组织学员们进行专题讨论。如"为什么抗日战争是持久战？""什么是游击战争取得胜利的最根本保证？""知识分子是否真比劳动人民优越？"，等等。在讨论中，大家就热烈地、自由地争论着，为探求真理，毫不隐瞒自己的观点。军事课则注重实践要求，训练班曾多次举行夜行军和夜袭等军事演习。

一个月训练期满后，第一期毕业生就到应城各地实习。陶铸和曾志穿着草鞋，拄着木棍，冒着风雨到实习点去检查工作。学员们经过实习后，即分配到鄂中各地开展工作。在第一期毕业实习的同时，第二期随即开始。由于第一期训练班的影响，当地许多进步的青年也纷纷要求参加训练班学习。党考虑到当地青年对开展本地工作更具有便利条件。所以在后几期训练班中，除了外来学生外，还招收一部分当地革命青年。

这些学员一批批毕业后，都按当时的计划分配，应城、京山、随县、应山、荆门、钟祥、安陆、云梦、孝感天门、汉川、汉阳等县去工作。有的甚至到了鄂南、鄂西、鄂北，这些学员就以"合作事业指导员"的名义开展工作。通过这个机构宣传党的方针政策，发展党的组织，发动群众，为进一步组织抗日武装斗争打下了坚实基础。这些同志深入到群众之中，独当一面，在人民群众中生根、开花，传播革命的火种，成为鄂中抗日的中坚力量，有的则在敌人面前临危不惧、坚贞不屈，为革命献出了年轻的生命。

在这里需要特别提及的是训练班学员中一名特殊的"旁听生"，他的名字叫张谦光。他原是应城县的一个"督学"，是国民党派来"监督"训练班的。可是他听了陶铸等同志的讲课，受到深刻的教育，从此内心产生激烈的斗争，思想起了巨大的变化。他感到做一个有良心的中国人，就应该像陶先生那样的共产党人一样，铁骨铮铮、光明磊落，为民族的独立与解放，艰苦奋斗，即使抛头颅、洒热血也在所不辞。

当时的张谦光已是30开外的人了。但他坚定地认为，以前迷了路，如今明白了，就必须重新开始。就这样，张谦光同志决然投入革命的熔炉，锻炼成了一名光荣的共产党员。在党的领导下，他先后担任过应城县长、县委书记、鄂中专员、兴山地委书记等职，尽忠竭国力为党为革命做了许多工作，后来不幸在解放战争中壮烈牺牲。

当时训练班的经费来源主要是争取建设厅拨款，工资按级别统一领来后，按每人15元平均分配，这样就可以扩大使用面。另一部分是周苍柏、杨显东、孙耀华等进步人士自己捐助和向外募来的捐款。据说石瑛也以朋友的名义捐了5000元。我们又向4省农民银行订了50万元的农贷合同，作训练班的毕业生在农村发放贷款之用。我们发放贷款都以贫下中农为对象。国民党合作指导员则以地主富农为对象。群众都欢迎我们，不欢迎他们。

1938年8月29日，日本法西斯残暴轰炸京山县城，炸死我同胞2000余人，炸伤3000余人，房屋建筑毁坏无数。对此情景，国民党的县太爷们只顾自己逃命，京山县政府自行瓦解，丢下医院及大批伤员、难民。陶铸与李范一先生立即率领训练班师生和医务人员组成慰问队，奔赴京山，进行亲切慰问。从供销社拨出资金，筹集了许多医药、布匹、面粉、油、盐、炊具等各种日用品运往京山。又从农民银行放出贷款，支援受到轰炸的贫困农民。

1938年春，陶铸和李范一先生命我从汤池合作社的资金中拿出3600元，请八路军办事处从香港购买枪支。当时枪到得很迟，我们都很着急，董老也很关心，在武汉沦陷前夕，枪终于到了。一共是24支德国造驳壳枪，是我亲自到汉口八路军办事处从龙飞虎同志（周总理警卫员）手里领到的，我领了枪，由水路运回皂市米厂。供销店堆积的物资很多，只能临时向湖区转移。当时我们和党组织已暂时失去了联系，我就和鲁尔英等商量组织了汤池抗日游击大队，以鲁尔英为大队长，领导一个短枪队和一部分由应城撤退出来的保安队。鲁尔英牺牲后，部队由蔡松元统一领导，后来都编入了新四军第五师。

随着汤池训练班影响扩大，国民党顽固派越来越对汤池不放心。他们曾多次派官僚、特务来汤池进行所谓“调查”。但由于我们有广大工农群众的坚决支持和掩护，我们还在汤池充分利用了“国共合作”的合法地位，建立了真正的抗日统一战线，使顽固派的阴谋一次又一次地失败。顽固派对汤池训练班大的干扰破坏有四次，第一次是石毓灵（原桂系师长，任当地专员）来汤池“视察”。他只看到我们上课的上课，劳动的劳动，什么“情况”也未弄到。

第二次是卫挺生（国民党立法委员）来，他除了到汤池，还到了皂市米厂、书店等处乱转。看到我们一个司机的徒弟在看书，就大惊小怪地说我们这里连小孩子都看八路的书，但也无可奈何。

第三次背景很深，据说是宋美龄交给康泽（国民党反动派特务头子）的“任务”，要他来汤池看看共产党在搞些什么。康泽便将这项“任务”转交给杨子福（国民党湖北省常委)，所以杨子福打算亲自走一趟。他在武汉先向雷鸣泽先生了解情况，雷鸣泽是爱国的进步人士，他对杨子福说:“这么远，你去做什么，打个电话，叫他们派人来问问就行了。”雷先生马上电话通知沈德纯，告诉他这个情况，意思是叫他赶快通知汤池做好准备，主动派人来挡驾。得知这个情况，李范一先生就立即派我去向杨“汇报”。我从汤池来到汉口交通路萃云旅馆，同杨谈了半天，杨问:“李范一是否被利用和受共产党的包围?”我对他说:“李先生的为人你比我清楚。他是辛亥革命的老前辈，是信仰三民主义的老国民党员，为人耿直倔强，他是不会接受别人的利用和包围的。李与陶确实合作得很好，这只能说明他们都是忠于团结抗战而走到一起了。”杨无话可对，只好送我走出了旅馆。

第四次是大特务头子徐恩曾亲自来汤池，他是同他的姘头女特务费霞一起来的。这次详情我不清楚，听李先生讲此人是满手鲜血的刽子手。可是这个家伙来了，也没有找到什么借口，抓到什么把柄。

对于顽固派一次次的破坏，我们都能够顺利地战胜，这与党的坚定正确的领导和人民群众的拥护和支持是分不开的。不少国民党的进步人士，也为我们做了不少工作。

从陶铸来到汤池后，李范一先生与陶铸朝夕共处，共产党的一言一行，使他逐渐加深了对党的了解，他对陶铸十分敬佩，因此他们在汤池确实合作得很好。在陶铸的卧室中挂着一幅条幅，上面写着:“富贵不能淫，贫贱不能移，威武不能屈，此之谓大丈夫也。”这个条幅就是李范一先生为了陶铸亲笔题写的。

石瑛也做过一些有益的工作，但由于顽固派和特务分子的压力太大，他有些动摇。1938 年春，石瑛在建设厅曾当面批评陶铸在汤池是“专横跋扈”。陶就和石吵起来，以后又写信向李范一先生表示抗议和不满，李先生看了此信，连连数落石瑛“老糊涂了”，并把信给我看，我便对李先生说:“光在这里说也不行。要去同石当面谈。”李就约我一同去找石瑛。我们坐上米厂的破汽车，来到武昌石瑛的家，3 人便坐黄包车，一同来到草湖门外。时值春日，草湖边上芦苇初秀、微风拂面，我们叫了一个划子，待小船驶到湖心，李先生便同石瑛随意漫谈。两人把陈诚骂了一通，说他们不抗战，不讲团结，还要陶铸在训练班主持工作，这样算是暂时消除了石瑛对陶铸的疑虑。但在训练班停办以后，石瑛给李范一先生写信说:“陶铸为共产党。先生慎之慎之……”李先生又将此信给我看了。我们没有再理他。

这年夏天，有一次在汤池，李范一、李子宽(应城人，国民党财政厅厅长)、杨少岩（曾任国民党民政厅厅长）等人在场。有人同他们谈起外面对汤池的议论，说石瑛是“包庇”共产党，李范一是“训练”共产党，李子宽是“勾结”共产党。当时李子宽吓得从凳子上跳了起来，李范一听了对自己的评价则哈哈大笑。

后来一次在长岗店，我同李先生散步，来到一所比较大的房子门口，陶铸的一个小通讯员守在那里，因为那里是鄂中特委的所在，有一部电台，小通讯员看到李先生来，就不叫他进去，很机灵地说：“李先生，里边没有人。”李却偏要进去不可，说：“进去玩玩。”正相持不下，杨学诚出来了，才算打破了僵局。后来李先生笑嘻嘻地对我说：“共产党厉害呀，连小孩都这么精明，你知道吗？他们这里有个电台，所以那小鬼不叫我进去。”

李范一先生对党是友好的，但也是主观自信的。比如。他在政治指导部任主任时，说他这里没有共产党，其实他周围都是共产党。但他对共产党是信任和钦佩的，他曾深有感触地对我说：“我是信仰三民主义的，但要真正实现三民主义，国民党是不行的。只有艰苦奋斗的共产党才能做到。”有一次在政治指导部召开的大会上，他曾慷慨激昂地发表演讲，记得其中有一句是“譬如北辰，居其所而众星拱之”。为这句话，石瑛竟把李范一先生也当作共产党了。因为他感到李先生所说的“北辰”即是指延安——北斗星所在地的地方。

陶铸在汤池，认真执行了毛主席倡导的在抗日民族统一战线中坚持独立自主的方针，团结一切抗日爱国的进步力量，培训党的抗日干部，发展党的组织，筹建革命武装，把抗日活动搞得轰轰烈烈。可是，当时是王明在长江局主持工作，他提出了“一切通过统一战线，一切服从统一战线”的右倾错误口号。他和国民党内的顽固派站在一起，打击排斥陶铸。1938 年 9 月，王明撤了陶铸的职，不准陶铸在鄂中工作，要他到湖南长沙自行开展工作。但周恩来和董必武看到鄂中快要沦陷，正需要陶铸这样的领导干部，便要他到沙市、宜昌待机行事。因此，陶铸同志被迫暂时离开了汤池。

临别前，我怀着不舍的心情，为陶铸饯行。那天，我们二人来到皂市街上一家小饭馆里，陶铸同志指示我，他走后叫我同蔡承祖同志联系，并对我说：“只要武汉一沦陷，我还会回来的。”我默默地点了点头。

训练班的师生，听说陶铸同志要走。特为了他在夏家祠堂举行了欢送大会。师生代表们在发言中，对逼走陶铸的人，表示了愤怒和痛恨。陶铸坚定地充满信心地对大家说：“我现在是暂时离开大家，我一定还要回来的。如果斗争需要我将毫不犹豫地把自己的血流在鄂中！”

不久，武汉沦陷，陶铸马上就从宜昌回来了。他先和汤池附近的丁家冲、杨学诚（鄂中特委书记）等同志见了面。在这个关键时刻，富有革命斗争经验的陶铸同志的到来，对加强当地党的领导，是多么及时啊！

1938年年底，在大洪山上，我又见到了陶铸。他对这里并不陌生，还在汤池训练班的时候，我就见他同顾大椿等同志一起来到这里察看地形，为日后同日寇打游击作准备。现在，他来到了他理想中的游击战场，神采奕奕、精神焕发。他的生活仍是那样艰苦朴素，上衣口袋里还插着一柄牙刷，用一只小木勺坐在门槛上吃饭。别人问他，为何吃得这样快。他说是在敌人监狱里养成的。我当时心情十分激动。虽然陶铸离开我们只有几个月，此时见到他。却像分别了很久似的。我立即向陶铸详细汇报了他离开汤池后这一段的情况。

这时，在大洪山建立了第五战区豫鄂边区抗敌工作委员会。原来汤池训练班的同志，很多都在委员会所属的政治指导部工作。名义上，陶铸只是政治指导部的顾问，李范一先生是政治指导部主任，实际上，陶铸是代表党领导政治指导部的全盘工作。这时，李先念、陈少敏和任质斌等同志已率部到鄂中与陶铸等同志创建的本地抗日人民武装会师，从此，斗争又进入了一个更新的阶段。从汤池点燃的抗日火炬，同豫南、鄂东党领导和抗日武装很快汇成一道抗日洪流，形成了席卷整个鄂豫边区的燎原烈火。

大事纪略

1938年春，汤池训练班部分师生合影，右四陶铸，右五李范一（2014年）
李金 翻拍

训练班开办

1933年5月6日，在国民党政府湖北省建设厅厅长李范一的倡导下，汤池创立农村改进实验区。实验区组织开办贫民学校、兴修水利、合作造林、改良农田等公益事业。

1937年12月初，陶铸受董必武委托，与李范一联手，准备在汤池开办训练班。接受任务后，陶铸开始在武汉招生。12月18日，首批学员到达应城汤池。12月20日，第一期开班。训练班共举办四期，其中，第四期在武汉开班。

1938年3月，因国民党政府阻挠，训练班停办。4月，陶铸与李范一以补习文化为名，继续在汤池开办临时学校。

汤池训练班共培训学员600余人。

1938年6月，中共鄂中特别委员会成立。中共鄂中特委以汤池为基地，以汤池训练班为基础，在湖北省全境发展、重建共产党基层组织，开展抗日救亡运动。

陶家湖遗址西城垣及外壕沟（2009 年）

陶家湖古城遗址考古

1958 年修建四龙河水库时，发现陶家湖遗址，确定为新石器时代遗址。遗址位于应城城区西约 18 千米的四龙河与陶家河交汇处。西距汤池街区 2.5 千米，南距汉宜公路 6.5 千米。

1979 年和 1981 年，孝感地区文物普查时对遗址进行复查，确定为新石器时代屈家岭文化至石家河文化时期遗址，面积 25 万平方米。

1998 年 12 月和 1999 年 3 月，湖北省考古研究所参阅原调查资料，对该遗址进行调查勘探，发现四龙河遗址为新石器时代大型古城遗址，面积 67 万平方米。

陶家湖古城遗址主要堆积为新石器时代，属屈家岭文化和石家河文化时期。遗址出

彭波　摄

土大量红烧土和完整陶器，为长江中游地区新石器时代的考古提供了新资料，对研究两湖地区古城址的历史背景、社会属性极具价值。

2002 年 11 月，陶家湖古城遗址公布为湖北省级重点文物保护单位。2006 年 5 月，公布为全国重点文物保护单位。

1984 年建制镇成立

1984 年 1 月 2 日，设汤池镇。辖汤池街道，陶贾、方集、洪河、打榨、孙段、大陈、大孔、白水、罗王、黄围和金唐 11 个村。镇政府驻地汤池街，距县城 21 千米。为乡级县辖镇，不隶属其他镇、区，比长江、城关、化工三个区级县辖镇低，比其他 10 个区管乡级镇高。1987 年 10 月，升格为市辖镇，杨岭景墩乡舒景、油榨、蔡岭和四安 4 个村，

汤池街区航拍图（2016 年）　　李鸿飞　摄

划入汤池，辖舒景、油榨、蔡岭、四安、陶贾、方集、洪河、打榨、孙段、大陈、田铺、大孔、白水、罗王、黄围、金唐和汤池街道 17 个村（街道），全镇土地面积 50.03 平方千米。建制镇的成立，给了汤池更大的发展平台和空间。

2011 年汤池传说被列入省第三批非物质文化遗产目录

2011 年 6 月，汤池传说被列入湖北省第三批非物质文化遗产目录，为民间文学类。汤池传说包含传说故事 10 篇。

南朝文学家盛弘之在《荆州记》中记载了玉女投泉的传说故事。唐朝李白《安州应城玉女汤作》，首句“神女殁幽境”就点出了玉女传说。2008 年，应城市组织人员到汤池实地采风，将散落民间的各种传说故事整理成辑，形成完整的汤池传说，并作为非物质文化遗产，开始保护申报工作，2011 年获批。

汤池镇获评全国特色景观旅游名镇等称号

2011 年 8 月 1 日，住房城乡建设部、国家旅游局，评定汤池镇为全国第一批特色景观旅游名镇。2012 年 4 月 12 日，住房城乡建设部、国家旅游局，在江苏苏州为汤池镇授牌。

2011 年 8 月 30 日，因“应城汤池甲鱼”这一品牌，汤池镇入选全国“一村一品”先进乡镇。11 月 6 日，环境保护部将汤池镇列为全国环境优美乡镇。

2014 年 11 月 24 日，湖北省首届荆楚最美村镇评选揭晓。汤池镇获评十大荆楚最美乡镇。

孝感（汤池）金秋十月经贸洽谈会举行

2011 年 10 月 17—19 日，2011 孝感（汤池）金秋十月经贸洽谈会在汤池温泉度假村举办，恒安国际集团、中国三江航天工业集团和九州通集团等来自长三角、环

2011 孝感（汤池）金秋十月经贸洽谈会（2011 年） 李金 摄

渤海和珠三角等地的世界 500 强集团、中央直属企业、上市公司及行业龙头企业共 200 多名客商，应邀参加此次经贸洽谈会。经贸会以承接转移，加快建设“两型”社会，促进全市经济社会科学发展和跨越式发展为主题。项目签约仪式上，集中签约招商引资项目 50 个，投资总额 382.2 亿元，其中合同项目 42 个，合同金额 280.6 亿元。

2012 年 10 月 28 日，中国最佳养生休闲旅游城市授牌暨应城 2012 年金秋经贸洽谈会在汤池温泉度假村举行。国务院政策研究室综合司司长陈文玲，向应城市授予“中国最佳养生休闲旅游城市”荣誉牌。洽谈会签约项目 23 个，合同总金额 126 亿元。

鄂中革命烈士纪念馆改造

2015 年 10 月 19 日，鄂中革命烈士纪念馆改造工程动工。工程投入资金 5000 万元，2017 年建成鄂中革命烈士纪念园。

鄂中革命烈士纪念园，是应城市精心打造的爱国主义教育基地、理想信念教育基地、红色文化教育基地、廉政文化教育基地。纪念园在原有的鄂中革命烈士纪念馆、汤池训练班旧址基础上改建、扩建而成。

纪念汤池训练班创办 80 周年合影（2017 年） 李金 摄

2017 年 12 月 20 日，汤池训练班开班 80 周年纪念典礼暨鄂中革命烈士纪念园开园仪式成功举办。汤池训练班走出去的老一辈革命家子女齐聚一堂，共同回忆汤池训练班办班历史和传承至今的宝贵红色历史，参观鄂中革命烈士纪念园，倾听红色故事、重温红色记忆。

“汤池甲鱼”注册为国家地理标志证明商标

汤池甲鱼的生物学品种为中华鳖。其形态特征表现为外形呈椭圆形，背际和四肢暗绿色，部分背面浅褐色，腹面白里透红；背部隆起有骨质甲，骨质壳没有周边骨板、高纹理表层，没有角状外骨板以及松散连接的腹（腹甲）；背腹甲着生柔软外膜，周围是柔软细腻裙边且裙边肥嫩；头颈和四肢可伸缩，吻长，鼻孔开口于吻端；四肢粗短稍扁平，为五趾型，趾间有蹼膜，爬行敏捷；躯干略呈卵圆形；雌体尾一般不达裙边外缘，雄体大都伸出裙边外；膘肥体壮，重量 500 ~ 1500 克；每 100 克肉中蛋白质含量 16.5 克，含丰富的钙、磷、铁、硫胺素、核黄素、尼克酸、维生素 A 等多种营养成分。

汤池甲鱼养殖严格实行全程监控，落实养殖的生产记录、用药记录和销售记录，对饲料和甲鱼产品实行抽检。2005 年，获农业部“无公害农产品”称号。2009 年和 2011 年，武汉市农产品质量检测中心分别对甲鱼饲料和商品甲鱼进行抽检，合格率均达到 100%。

2014 年 8 月，以应城市汤池镇甲鱼养殖协会为申请人，向工商总局商标局提请“汤池甲鱼”地理标志证明商标，使用商标的商品的生产地域范围为湖北省应城市汤池镇。经过审核、公示等一系列程序后，2015 年 11 月，“汤池甲鱼”成功注册为国家地理标志证明商标。

2016 年刚果（金）总统顾问代表团到汤池镇考察

2016 年 6 月 20—21 日，刚果（金）总统顾问代表团到应城市考察农业发展情况。刚果（金）代表团一行到汤池镇甲鱼养殖基地和鲜野稻鳖示范区实地考察，详细了解汤池镇特色水产养殖业发展情况。

“汤池温泉杯”业余围棋段级位赛举行

2016 年 3 月 25—26 日，首届湖北省“极目楚天舒”系列体育赛事“汤池温泉杯”湖北省业余围棋段级位赛，在汤池温泉度假村国际会议中心举行。应城市文体新局、汤池温泉旅游公司、市围棋协会、陈毅爱心围棋教室联合承办。本项赛事为湖北省固定的经典传统赛事，每年三月的最后一个星期，在汤池温泉举办。赛事已经连续举办三届，至2018年，已有超过1200名棋手通过参与竞技“以棋会友”。

“汤池温泉杯”湖北省业余围棋段级位赛比赛现场（2017年） 李金 摄

“汤池温泉杯”湖北省业余围棋段级位赛比赛现场（2018年） 李金 摄

陶贾村桃园（2016年）　　李金　摄

附录

村湾

2016 年汤池镇行政村（社区）概况一览表

表 7

村（社区）	户、人口、耕地面积、村（居）民小组数			村（居）民小组名称
舒景村	总户数（户）		187	舒东、舒西、小景、三陈、老张、王畈、景围、新塆
	总人口（人）		850	
	其中	80 岁以上（人）	16	
		少数民族	2	
	总耕地面积（亩）		2245	
	村民小组（个）		8	
油榨村	总户数（户）		126	金徐、小李、张王、胡嘴、陈围、油岭
	总人口（人）		526	
	其中	80 岁以上（人）	15	
		少数民族	—	
	总耕地面积（亩）		1809	
	村民小组（个）		6	
蔡岭村	总户数（户）		129	蔡岭、鸡母、河渡、三陈、大库
	总人口（人）		499	
	其中	80 岁以上（人）	16	
		少数民族	1	
	总耕地面积（亩）		1715	
	村民小组（个）		5	
四安村	总户数（户）		210	沙碑、西彭、西李、刘巷、前李、后李
	总人口（人）		719	
	其中	80 岁以上（人）	22	
		少数民族	—	
	总耕地面积（亩）		2113	
	村民小组（个）		6	

续表 7

村（社区）	户、人口、耕地面积、村（居）民小组数			村（居）民小组名称
陶贾村	总户数（户）		242	庙张、架郎、上贾、下贾、陶巷、邱集、马岭、刘张
	总人口（人）		1064	
	其中	80 岁以上（人）	32	
		少数民族	8	
	总耕地面积（亩）		2625	
	村民小组（个）		9	
公益社区	总户数（户）		147	北街、南街、东街
	总人口（人）		379	
	其中	80 岁以上（人）	5	
		少数民族	—	
	总耕地面积（亩）		104	
	居民小组（个）		1	
方集村	总户数（户）		307	陶东、陶西、尧大、大马、方集、夏东、夏西、新王
	总人口（人）		1348	
	其中	80 岁以上（人）	38	
		少数民族	3	
	总耕地面积（亩）		2785	
	村民小组（个）		8	
洪河村	总户数（户）		310	小李、大李、新场、汪塆、余塆、朱塆、下洪、前进、洪河
	总人口（人）		1186	
	其中	80 岁以上（人）	18	
		少数民族	6	
	总耕地面积（亩）		2283	
	村民小组（个）		9	
孙段村	总户数（户）		392	段塆、孙塆、大鲁、小鲁、上鲁、三鲁、西唐
	总人口（人）		977	
	其中	80 岁以上（人）	18	
		少数民族	4	
	总耕地面积（亩）		2451	
	村民小组（个）		7	
田铺村	总户数（户）		189	赖岭、四黎、友东、友西、泉东、泉西
	总人口（人）		749	
	其中	80 岁以上（人）	13	
		少数民族	21	
	总耕地面积（亩）		1897	
	村民小组（个）		6	

续表 7

<table>
<tr><th>村（社区）</th><th colspan="3">户、人口、耕地面积、村（居）民小组数</th><th>村（居）民小组名称</th></tr>
<tr><td rowspan="6">大陈村</td><td colspan="2">总户数（户）</td><td>152</td><td rowspan="6">大陈、新陈、邱陈、小陈、陈胡</td></tr>
<tr><td colspan="2">总人口（人）</td><td>558</td></tr>
<tr><td rowspan="2">其中</td><td>80 岁以上（人）</td><td>16</td></tr>
<tr><td>少数民族</td><td>—</td></tr>
<tr><td colspan="2">总耕地面积（亩）</td><td>1623</td></tr>
<tr><td colspan="2">村民小组（个）</td><td>5</td></tr>
<tr><td rowspan="6">打榨村</td><td colspan="2">总户数（户）</td><td>192</td><td rowspan="6">打榨、围北、围南、江塆、高塆、撮箕</td></tr>
<tr><td colspan="2">总人口（人）</td><td>787</td></tr>
<tr><td rowspan="2">其中</td><td>80 岁以上（人）</td><td>16</td></tr>
<tr><td>少数民族</td><td>—</td></tr>
<tr><td colspan="2">总耕地面积（亩）</td><td>1837</td></tr>
<tr><td colspan="2">村民小组（个）</td><td>6</td></tr>
<tr><td rowspan="6">大孔村</td><td colspan="2">总户数（户）</td><td>249</td><td rowspan="6">孔南、孔北、十大、魏家、紫荆、王山、下小、上下</td></tr>
<tr><td colspan="2">总人口（人）</td><td>1071</td></tr>
<tr><td rowspan="2">其中</td><td>80 岁以上（人）</td><td>21</td></tr>
<tr><td>少数民族</td><td>—</td></tr>
<tr><td colspan="2">总耕地面积（亩）</td><td>1851</td></tr>
<tr><td colspan="2">村民小组（个）</td><td>8</td></tr>
<tr><td rowspan="6">白水村</td><td colspan="2">总户数（户）</td><td>234</td><td rowspan="6">五黎、郑黎、六黎、四唐、三唐、铁胡、袁先、土库、新老</td></tr>
<tr><td colspan="2">总人口（人）</td><td>999</td></tr>
<tr><td rowspan="2">其中</td><td>80 岁以上（人）</td><td>29</td></tr>
<tr><td>少数民族</td><td>—</td></tr>
<tr><td colspan="2">总耕地面积（亩）</td><td>2127</td></tr>
<tr><td colspan="2">村民小组（个）</td><td>9</td></tr>
<tr><td rowspan="6">金唐村</td><td colspan="2">总户数（户）</td><td>175</td><td rowspan="6">唐北、唐南、金西、金东、二唐</td></tr>
<tr><td colspan="2">总人口（人）</td><td>712</td></tr>
<tr><td rowspan="2">其中</td><td>80 岁以上（人）</td><td>19</td></tr>
<tr><td>少数民族</td><td>—</td></tr>
<tr><td colspan="2">总耕地面积（亩）</td><td>1268</td></tr>
<tr><td colspan="2">村民小组（个）</td><td>5</td></tr>
<tr><td rowspan="6">黄围村</td><td colspan="2">总户数（户）</td><td>196</td><td rowspan="6">戴刘塆、戴黄塆、新唐塆、上黄塆、黄东、黄西</td></tr>
<tr><td colspan="2">总人口（人）</td><td>868</td></tr>
<tr><td rowspan="2">其中</td><td>80 岁以上（人）</td><td>24</td></tr>
<tr><td>少数民族</td><td>4</td></tr>
<tr><td colspan="2">总耕地面积（亩）</td><td>1453</td></tr>
<tr><td colspan="2">村民小组（个）</td><td>6</td></tr>
</table>

续表 7

<table>
<tr><th>村（社区）</th><th colspan="3">户、人口、耕地面积、村（居）民小组数</th><th>村（居）民小组名称</th></tr>
<tr><td rowspan="6">罗王村</td><td colspan="2">总户数（户）</td><td>242</td><td rowspan="6">小王、后北、后南、前东、前西、土东、土西、罗家、三黎</td></tr>
<tr><td colspan="2">总人口（人）</td><td>1053</td></tr>
<tr><td rowspan="2">其中</td><td>80 岁以上（人）</td><td>32</td></tr>
<tr><td>少数民族</td><td>—</td></tr>
<tr><td colspan="2">总耕地面积（亩）</td><td>2044</td></tr>
<tr><td colspan="2">村民小组（个）</td><td>9</td></tr>
<tr><td rowspan="6">温泉社区</td><td colspan="2">总户数（户）</td><td>572</td><td rowspan="6">汤池街、振兴街、西街、南街、民主路、民富路、温泉北路、温泉东路</td></tr>
<tr><td colspan="2">总人口（人）</td><td>2338</td></tr>
<tr><td rowspan="2">其中</td><td>80 岁以上（人）</td><td>38</td></tr>
<tr><td>少数民族</td><td>—</td></tr>
<tr><td colspan="2">总耕地面积（亩）</td><td>85</td></tr>
<tr><td colspan="2">居民小组（个）</td><td>1</td></tr>
</table>

村规民约

汤池镇村规民约

1. 每个村民都要学法、知法、守法，自觉维护法律尊严，积极同一切违法犯罪行为作斗争。

2. 爱护公共财产，不得损坏水利、道路交通、供电、通讯、生产等公共设施。严禁偷盗、敲诈、哄抢国家、集体、个人财物，严禁赌博，严禁替罪犯藏匿赃物。

3. 红白喜事由红白喜事理事会管理，喜事新办，丧事从俭，破除陈规旧俗，反对铺张浪费、反对大操大办。

4. 不搞封建迷信活动，不请神弄鬼或装神弄鬼，不听、看、传淫秽书刊、音像，不参加邪教组织。

5. 积极开展文明卫生村建设，搞好公共卫生，加强村容村貌整治，严禁随地乱倒乱堆垃圾，修房盖屋余下的垃圾碎片应及时清理，柴草、粪土应定点堆放。

六、村规民约

1、每个村民都要学法、知法、守法、自觉维护法律尊严，积极同一切违法犯罪行为作斗争。

2、爱护公共财产，不得损坏水利、道路交通、供电、通讯、生产等公共设施。严禁偷盗、敲诈、哄抢国家、集体、个人财物，严禁赌博、严禁替罪犯藏匿赃物。

3、红白喜事由红白喜事理事会管理，喜事新办，丧事从俭，破除陈规旧俗，反对铺张浪费、反对大操大办。

4、不搞封建迷信活动，不请神弄鬼或装神弄鬼，不听、看、传淫秽书刊、音像，不参加邪教组织。

5、积极开展文明卫生村建设，搞好公共卫生，加强村容村貌整治，严禁随地乱倒乱堆垃圾，修房盖屋余下的垃圾碎片应及时清理，柴草、粪土应定点堆放。

6、建房应服从村庄建设规划，经村委会和上级有关部门批准，统一安排，不得擅自动工，不得违反规划或损害四邻利益。

7、邻里纠纷应本着团结友爱的原则平等协商解决，可申请村调解委调解，也可通依法向人民法院起诉，不得以牙还牙，以暴制暴。

8、自觉遵守计划生育法律、法规、政策，实行计划生育，提倡优生优育，严禁无计划生育或超生。

9、子女应尽赡养老人的义务，不得歧视、虐待老人。

汤池镇村规宣传牌（2016 年）　　李金　摄

6. 建房应服从村庄建设规划，经村委会和上级有关部门批准，统一安排，不得擅自动工，不得违反规划或损害四邻利益。

7. 邻里纠纷应本着团结友爱的原则平等协商解决，可申请村调解委调解，也可依法向人民法院起诉，不得以牙还牙、以暴制暴。

8. 自觉遵守计划生育法律、法规、政策，实行计划生育，提倡优生优育，严禁无计划生育或超生。

9. 子女应尽赡养老人的义务，不得歧视、虐待老人。

二〇一〇年一月

主要参考文献

〔北魏〕郦道元著，王国维校:《水经注校》，上海人民出版社，1984 年。

李可宷主修:《应城县志》，清雍正四年。

罗緗主修，王承禧总纂:《应城县志》，清光绪八年。

《光绪应城志》校注整理工作委员会编:《光绪应城志》(校注整理本)，中国文化出版社，2010 年。

应城市地方志编纂委员会编:《应城县志》，中国城市出版社，1992 年。

应城市地方志编纂委员会编:《应城市志(1986—2005)》，湖北人民出版社，2015 年。

编纂始末

进入21世纪，千年古镇汤池正焕发勃勃生机，快速发展。为记住乡愁，探寻乡镇建设规律，汤池镇党委和政府决定编纂《汤池镇志》。

2015年，汤池镇启动镇村志编纂。一年时间，完成村湾资料收集，编纂《汤池村湾》。2017年年底，接到市地方志办公室要求，按中国名镇志丛书的编纂要求，编纂《汤池镇志》。镇党委和政府高度重视，决定由镇党委领导，成立汤池名镇志编纂委员会及办公室，加强工作领导，并将此工作列为重大文化工程加强推进。

镇志办认真组织学习《中国名镇志文化工程实施方案》，结合汤池镇情分析，调整编纂思路，设计篇目。经过多次讨论，多次向上级专家请教，多次征求各方意见，拟定篇目，形成初稿，又经多次修改，组织三审，将修改稿上交孝感市志办和湖北省志办审查。两级志办又提出审稿意见。

针对湖北省名镇志专家组提出的意见，应城市委常委、市委办主任王磊亲自过问协调督办，市地方志办公室与汤池镇党委政府联合办公，决定由汤池镇党委副书记杨新伟和宣传委员杨贤文牵头，加强组织领导、材料搜集和人员协调，全面推进名镇志编纂。同时，聘请李红春、张颢、张昌宏、曾晓娥、王章平、陈方永，组建新的编纂专班，全力以赴开展编写工作。市地方志办公室朱华臣全程指导，出谋划策，加强技术指导，并寻求湖北省地方志专家司念堂、卢申涛、张静帮助。

围绕名镇志要求和各级专家意见，镇志办又重新调整思路，加强名和特的资料分析，同时组织人员进一步有针对性地搜集资料，尤其是图片资料，不断丰富资料，加速编纂进度。从4月初开始，编纂办公室全体人员铆足干劲，夜以继日，熟悉材料，汇总信息，领悟要求，追赶进度，仅在20余天时间就对《汤池镇志》三审稿三易其稿，融入名镇志要求。4月下旬，通过了孝感市再审，省市专家再次提出修改意见。随后，镇志办编纂全体人员认真领会专家意见和建议，互相交流探讨，认真分析问题，紧扣名镇志核心和特色，找出镇志材料中优势和缺陷，寻找修改完善突破口，查缺补漏，明确分工，两次通稿编稿。5 月初，送湖北省进行终审，终审稿得到省专家充分肯定，并提出相应的修改意见。

5 月初，按照湖北省名镇志专家的建议和要求，镇志编辑室明确后期工作的难点和要点，认真组织补充材料，精心编纂，形成第八稿。5 月中旬，中国地方志指导小组亲临孝感，检查验收《汤池镇志》，提出意见要求。按照中指组的指导意见，镇志编纂人员又提振精神，精心打磨，再次形成送审稿交中国地方志指导小组办公室审验。全书记载了汤池人文地理和发展变化，用简洁、生动的语言，彰显了汤池灵泉文化和红色文化。

《汤池镇志》的编纂发行是汤池镇党委、镇政府和民众意愿的体现，得到市新文体局、市旅游局、市文联等单位的大力协助，得到孝感市、应城市地方志办公室的大力支持，得到全镇各单位和全体民众的大力帮助，也凝聚了编纂办公室全体工作人员的智慧和心血，在此一并表示感谢。本志编修仓促，漏洞、错误难免，望诸位不吝指教。

编　者

2018 年 7 月